MÉMOIRES
SUR L'IMPÉRATRICE
JOSEPHINE,
SES CONTEMPORAINS,
COUR DE NAVARE ET DE MALMAISON

TOME SECOND.

PARIS,
ADVOCAT, LIBRAIRE
DE S.A.R.M. LE DUC DE CHARTRES,
QUAI VOLTAIRE ET PALAIS-ROYAL.

1828.

MÉMOIRES

SUR

L'IMPÉRATRICE JOSÉPHINE

ET

SES CONTEMPORAINS.

CHAPITRE PREMIER.

Commencement de jalousie des dames attachées à l'impératrice. — M. Pierlot, il fait de mauvaises affaires. — Dureté de cœur de Mde Monaco. — Madame Pierlot, sa conduite. — M. Le Roi marchand de modes. — M. de Montlivault nommé receveur-général de sa Majesté. — Bijoux de l'impératrice. Vieille paire de souliers.

Plus le temps s'écoulait à Malmaison, moins je m'y plaisais. La foule des courtisans augmentant, il fallait chaque jour voir de nouveaux visages, supporter leur examen, être témoin

de la plus basse adulation, écouter des conversa=
tions sottes et décousues, et entendre de fades
complimens sur mon modeste talent pour le
chant, que j'étais obligée bien malgré moi de
mettre chaque soir en évidence. Cette représen=
tation de tous les instans m'etait insuportable,
sans le bonheur toujours nouveau d'approcher
l'impératrice et d'en recevoir des témoi=
gnages d'affection, il m'eût été impossi=
ble de me résigner à un genre de vie si
opposé à tous mes gouts et à toutes mes
habitudes. J'étais d'ailleurs privée de tous les
maitres qui m'étaient encore nécessaires, je vo=
yois très rarement mon père, dont la présence
me manquait plus que tout; aussi je désirais
vivement retourner à Paris. Quand nous
en parlions, Josephine s'y opposait et nous
restions.

Cette faveur, dont nous jouissons auprès
de Sa Majesté, commençait à donner de l'hu=
meur à ceux qui, par leur place, se croyaient le
droit d'y prétendre seuls, ils étaient encore en
apparence bienveillans pour nous, n'ayant sure=
ment pas même un plan qui pût nous nuire
mais lorsqu'ils ne croyaient pas être

observés, leurs figures prenaient une expression de colère qui ne m'échappait pas. J'en parlai à ma mère, qui me dit que j'avais tort de penser que l'on fût changé; que les procédés étaient les mêmes et que mon imagination se créait comme à l'ordinaire des motifs d'inquiétude.

J'avais déjà à cette époque le pressentiment que ma vie devait être troublée par de grands chagrins. Mes parens avaient été malheureux pendant tant d'années, que je me croyais née pour souffrir. Quitter Sa Majesté pour toujours me paraissait une peine au-dessus de mes forces; dès-lors je la crus près de m'atteindre; et il me devint impossible de jouir entièrement du plaisir d'être comblée de ses bontés, et souvent je montais dans ma chambre pour pleurer sur ces craintes de tous les instans qui me poursuivaient partout.

M. Pierlot éprouva dans ce temps une suite de malheurs qui le forcèrent à suspendre ses paiemens et à déposer un bilan, dans lequel l'impératrice se trouva comprise pour une somme considérable. Madame d'Arberg, toujours inflexible lorsqu'il s'agissait des intérêts

de Sa Majesté, lui représenta qu'elle ne pouvait renoncer à cette créance comme elle en avait l'intention ; M. Pierlot étant son receveur général, était inexcusable d'avoir compromis ses fonds. M. de Monaco, avec une dureté extrême, insista sur tout ce que disait la dame d'honneur ; fut même plus loin qu'elle en disant à l'impératrice que madame Pierlot connaissant la bonté extrême de Sa Majesté, viendrait sûrement intercéder pour son mari ; qu'il fallait ne pas la recevoir.— « Mais, Mon-
» sieur, je l'aime ; épouse irréprochable, mère
» parfaite, elle mérite mon intérêt ; et je ne
» vois pas pourquoi vous voudriez que je fusse
» pour elle différente de ce que je suis pour
» tout le monde. — Votre Majesté est certai-
» nement libre de faire ce qui lui convient ;
» mais un homme qui ne gère pas fidèlement,
» ne doit inspirer aucune pitié ; il mérite au
» contraire une punition sévère qui serve
» d'exemple à ceux qui seraient tentés de l'i-
» miter. — Hé bien ! n'en parlons plus, dit
» avec humeur Joséphine ; puisque lorsqu'on
» est souveraine, on ne peut faire ce qui plaît,
» je ne verrai pas madame Pierlot. Pauvre
» femme ! »

L'ordre fut en effet donné de ne pas la recevoir. Ayant toujours été bien traitée par l'impératrice qui l'admettait souvent dans son intimité, elle dut compter, dans son malheur non mérité, sur la bienveillance qu'elle venait implorer ; mais les portes lui furent fermées. Avec une persévérance égale aux vertus qui la faisaient généralement estimer, elle fut trouver M. Le Roi, marchand de modes, sut l'intéresser vivement ; il consentit à l'emmener à la Malmaison comme une fille de boutique. Arrivée dans ce séjour, où elle avait été souvent bien accueillie, elle fut trouver mademoiselle Avrillon, qui, toujours bonne, l'introduisit voilée chez l'impératrice. M. Le Roi la devançait ; elle portait un carton qu'elle s'empressa de jeter de côté pour se précipiter aux genoux de Sa Majesté, qui fut très-attendrie de la voir obligée d'employer une pareille ruse pour parvenir jusqu'à elle. Mme Pierlot, avec une extrême chaleur et une éloquence partant du cœur, raconta les malheurs de son mari, peignit l'horreur de sa position, si l'impératrice se montrait trop inflexible, et la supplia de le maintenir dans sa place. « Ce que vous me demandez

» est malheureusement impossible, répondit
» Joséphine avec émotion, il ne dépend plus
» de moi de le garder; il avait ici des ennemis
» puissans, ils se sont hâtés d'avertir l'empe-
» reur qui vient de me faire annoncer que
» M. de Montlivault était nommé mon rece-
» veur-général. Je suis désolée de la prompti-
» tude qui a été mise dans cette affaire. Croyez
» bien, Madame, que j'y suis étrangère. J'a-
» vais de la confiance en M. Pierlot; je porte
» beaucoup d'intérêt à vos enfans, et j'ai une
» véritable amitié pour vous; j'aurais voulu
» prouver tous ces sentimens autrement que
» par des paroles, mais que voulez-vous, *j'ai*
» *les mains liées;* je vous promets, au reste,
» de donner à M. Pierlot tout le temps qui
» lui sera nécessaire pour le remboursement
» du déficit de ma caisse. Venez me voir de
» temps en temps sans prendre le même moyen;
» je sais gré à Le Roi de vous l'avoir procuré,
» et à ma bonne Avrillon de ne vous avoir pas
» repoussée, c'est ainsi qu'il faut servir les prin-
» ces. On me plaît toujours en m'empêchant
» d'être insensible même en apparence. »

M. Casimir de Montlivault remplaça en effet

M. Pierlot; je l'ai peu connu; sa figure protectrice et bouffie ne me plaisait pas; je lui trouvais un air capable, insoutenable, et une manière de s'écouter parler, d'autant plus ridicule, qu'il ne disait en général que des choses fort ordinaires, craignant toujours de se compromettre. Ce jugement, porté par une très-jeune personne, qui prend gré ou à tic sans savoir pourquoi, est peut-être tout-à-fait en opposition avec le caractère de ce fonctionnaire, qui a sûrement beaucoup d'esprit, puisqu'il a toujours dans tous les temps, et sous divers gouvernemens, occupé des emplois brillans. Aussi je ne donne pas mon opinion comme bonne; j'en rends compte, et voilà tout.

Nous demandâmes un jour à l'impératrice de nous montrer ses diamans qui étaient enfermés dans un caveau secret, dont madame Gazani et M. Pierlot avaient ordinairement la clef. Avec une complaisance parfaite pour le désir de jeunes filles bien indiscrètes, elle donna l'ordre d'apporter une énorme table dans le salon, plusieurs femmes d'atours y posèrent une foule innombrable d'écrins de toutes les formes. On les arrangea sur cette table si grande qui en fut couverte ; lorsqu'ils furent ouverts, nous fûmes éblouies du brillant, de la grosseur et de la quantité de pierres composant ces parures. La plus remarquable, après celle de diamans blancs, était en poires de perles fines, toutes parfaitement régulières et d'une eau superbe; des opales pailletées, des rubis, des saphirs, des émeraudes, étaient entourés de gros brillans qui n'étaient regardés cependant que comme *monture*, et dont on ne comptait jamais la valeur, dans l'estimation que l'on faisait de ces bijoux ; collection, je crois, unique en Europe, puisqu'elle se composait de tout ce que les villes conquises par nos armées renfermaient de précieux. Jamais Napoléon n'eut besoin de les prendre; on s'empressait de les offrir à sa compagne ; des guirlandes, des bouquets de toutes ces pierres précieuses rendaient justes les descriptions des contes de fées. Il faut avoir vu réunies toutes ces richesses pour s'en former une idée.

L'impératrice ne portait presque jamais que des parures de fantaisie; aussi le spectacle de cette *boutique* pour écrin, surprit la plupart d'entre nous. Sa Majesté s'amusait beaucoup

de notre admiration muette. Après nous avoir laissé tout toucher, tout examiner bien à notre aise : « C'est pour vous dégoûter de la manie
» des bijoux, nous dit-elle avec bonté, que je
» vous ai fait apporter les miens. Après en
» avoir vu de si admirables, vous ne pourrez
» en désirer de médiocres; surtout en son-
» geant que j'ai été très-malheureuse tout en
» en possédant de si rares. Dans le commen-
» cement de mon étonnante fortune, je me
» suis amusée de ces colifichets, dont un grand
» nombre m'ont été offerts en présens en Ita-
» lie. Peu à peu je m'en suis si bien dégoûtée,
» que je n'en porte plus, que lorsqu'en quel-
» que sorte j'y suis forcée par mon nouveau
» rang dans le monde; d'ailleurs mille événe-
» mens peuvent priver de ces superbes inuti-
» lités : n'ai-je pas les brignolettes de la reine
» Marie-Antoinette? (1) Est-il bien certain que

(1) Joséphine parlait souvent de l'infortunée Marie-Antoinette, et toujours avec le respect dû à des malheurs supportés avec tant de courage ! Les brignolettes dont il est question sont des poires d'un seul diamant, sans aucun entourage. Elles ont été, je crois, rachetées par madame la dauphine.

Elles étaient estimées trois cent mille francs.

» je les conserve? croyez-moi, Mesdemoiselles,
» n'enviez pas ce luxe qui ne fait pas le bon-
» heur. Je vais bien vous surprendre lorsque
» je vous dirai que j'ai été beaucoup plus con-
» tente de recevoir une vieille paire de sou-
» liers, que tous ces diamans étalés devant
» vous. » Nous nous mîmes à rire, croyant que
c'était une plaisanterie de Joséphine; mais elle
nous dit avec un air si sérieux que ce qu'elle
avançait était vrai, que nous désirâmes vivement savoir l'histoire de cette *fameuse vieille paire de souliers.*

« Oui, Mesdemoiselles, il est certain, reprit
» S. M., que le présent que j'ai reçu dans ma
» vie, qui m'a causé le plus de plaisir, est une
» paire de *vieux souliers, en gros cuir :* vous le
» comprendrez lorsque vous m'aurez enten-
» due.

» Quittant la Martinique avec Hortense,
» je me trouvais sur un vaisseau où nous fû-
» mes traitées avec des égards que je n'oublierai
» jamais. Brouillée avec mon premier mari,
» j'étais peu riche; obligée de revenir en France
» pour mes affaires, mon passage avait absorbé
» la plus grande partie de mes ressources; et

» j'eus beaucoup de peine à faire les emplettes
» les plus indispensables à notre voyage. Hor-
» tense, gentille, gaie, dansant bien la danse
» des nègres, chantant leurs chansons avec
» une grande justesse, amusait beaucoup les
» matelots, qui s'occupant constamment d'elle
» étaient sa société favorite. Dès que je m'assou-
» pissais, elle montait sur le pont, et là, objet
» de l'admiration générale, elle répétait tous
» ses petits exercices, à la satisfaction de tous.
» Un vieux contre-maître l'affectionnait par-
» ticulièrement, et dès que ses occupations lui
» donnaient un moment de repos, il le consa-
» crait à *sa petite amie*, qui l'aimait à la folie.
» A force de courir, de danser et de sauter,
» les petits souliers de ma fille s'usèrent en-
» tièrement. Sachant qu'elle n'en avait pas
» d'autres, craignant que je ne l'empêchasse
» d'aller sur le pont, si je m'apercevais du
» désordre de sa chaussure, elle me cacha
» ce petit incident; je la vis un jour revenir
» avec les pieds en sang. Je lui demandai avec
» effroi si elle était blessée.—Non, maman.—
» Mais vois le sang qui coule de tes pieds.—
» — Ce n'est rien, je t'assure. — Je voulus exa-

» miner le mal, et je découvris que ses sou-
» liers étaient tout-à-fait en lambeaux, et
» qu'elle était horriblement écorchée par un
» clou.

» Nous n'étions qu'à moitié chemin; il fallait
» en faire beaucoup encore avant de me pro-
» curer une nouvelle paire de souliers, et je
» me désolais d'avance du chagrin que j'allais
» causer à ma pauvre Hortense, en l'obligeant
» à rester dans ma vilaine petite chambre, et
» du tort que ce manque d'exercice pourrait
» faire à sa santé. Je pleurais beaucoup et ne
» trouvais point de remède à ma douleur.
» Dans ce moment arrive notre ami le contre-
» maître, il s'informe avec sa brusque franchise
» de la cause de nos *pleurnicheries*. Hortense en
» sanglottant se presse de lui dire qu'elle ne
» pourra plus aller sur le pont, parce qu'elle
» a déchiré ses souliers, et que je n'en ai pas
» d'autres à lui donner. — Bah! ce n'est que
» cela? j'en ai dans mon coffre une vieille paire,
» je vais l'aller chercher. Vous la couperez,
» madame, et moi je la coudrai tant bien que
» mal; *pardi!* sur un vaisseau il faut s'accommo-
» der de tout; on n'est pas *faraud* ni *musca-*

» *din;* pourvu qu'on ait le nécessaire c'est *le*
» *plus principal.* Sans nous donner le temps de
» lui répondre, il alla nous chercher ses vieux
» souliers, qu'il nous apporta d'un air triom-
» phant, et qui furent reçus par Hortense avec
» de grandes démonstrations de joie.

» Nous nous mîmes à l'ouvrage avec un zèle
» extrême, et, à la fin de la journée, ma fille
» put se livrer de nouveau au plaisir de diver-
» tir l'équipage. Je le répète, jamais présent
» ne fut accueilli avec autant de reconnais-
» sance. Je me reproche bien de n'avoir pas
» demandé le nom de ce brave marin, connu
» seulement à bord sous celui de Jacques. Il
» m'eût été doux de faire quelque chose pour
» lui, depuis que j'en ai eu les moyens. »

Ce récit, fait avec une simplicité admirable, nous intéressa et nous toucha vivement.

CHAPITRE II.

La princesse d'Eckmuhl. — Quelques détails sur son mariage. — Le général Leclerc, son frère. — Madame Leclerc (depuis princesse Borghèse). — Mot de mademoiselle Duchesnois. — M. Jules de Canouville. — Erreur de M. Bousquet, dentiste. — Modération du vice-roi. — Présent que fait la princesse Pauline à M. de Canouville. — Mort de celui-ci. — Portrait trouvé sur lui. — M. Ernest de Canouville.

Je revis à la Malmaison une personne avec laquelle je m'étais trouvée en relation assez intime avant son mariage; j'en conservais le plus doux souvenir : c'était mademoiselle Aimée Leclerc, devenue princesse d'Eckmuhl. La haute fortune où elle était parvenue n'avait, disait-on, rien changé aux agrémens de son aimable caractère. Belle comme un ange, elle était simple, modeste, indulgente. Ces qualités, qui la faisaient chérir quand elle était obscure et pauvre, charmaient encore en elle, après une élévation que tout le monde trouvait une justice de la Providence.

L'impératrice l'affectionnait particulièrement, et la reçut avec tous les témoignages de l'estime la plus grande. Lorsqu'elle fut partie, Sa Majesté fit d'elle un éloge qui eût pu sembler exagéré, si la franchise de Joséphine n'avait été connue. Elle nous dit comment s'était fait le mariage de mademoiselle Leclerc avec le général Davoust. Ces détails sont assez curieux pour trouver place ici, et prouveront combien les caractères les plus rudes, les plus indomptables, cédaient aux volontés de Napoléon, lors même qu'il n'était encore que consul.

A l'époque de l'expédition de Saint-Domingue, Bonaparte voulut confier le commandement des troupes à son beau-frère, le général Leclerc (qui avait épousé Pauline Bonaparte). Il le fit venir dans son cabinet, et lui déclara ses intentions. — « Je serais heureux de servir de nouveau la France ; mais, général, un devoir sacré me retient ici.—Votre amour pour *Paulette?* elle vous suivra, et fera bien ; l'air de Paris ne lui vaut rien ; c'est celui de la coquetterie; elle n'en a pas besoin, et ira avec vous ; cela est convenu. — Sans doute, je serais désolé de m'en séparer ; mais cette raison ne suffirait pas pour me faire refuser un commandement honorable. Ma femme resterait entourée d'une famille qui l'aime ; je serais donc sans inquiétude pour elle ; c'est le sort de ma bonne sœur, qui me force à repousser ce qui ferait l'objet de mon envie dans toute autre circonstance. Elle est jeune, jolie ; son éducation n'est pas entièrement achevée ; je n'ai point de dot à lui donner ; dois-je la laisser sans appui, lorsque mon absence peut être longue, éternelle !... Mes frères ne sont pas ici ; il faut donc que j'y reste. Je m'en rapporte à votre cœur si dévoué à votre famille ; général, puis-je faire autrement?—Non, certainement. Il faut la marier promptement... demain, par exemple, et partir ensuite. — Je vous le répète, je n'ai pas de fortune, et...—Eh bien! ne suis-je donc pas là? Allez, mon cher, faire vos préparatifs. Demain votre sœur sera mariée ; je ne sais pas encore avec qui... mais c'est égal, elle le sera, et bien encore.—Mais ... —J'ai parlé, je crois, clairement; ainsi, pas d'observations. » Le général Leclerc, habitué, ainsi que tous les autres généraux, à regarder comme un maître celui qui avait été si peu de temps avant son égal, sortit sans ajouter un mot.

Quelques minutes après, le général Davoust entre chez le premier consul, et lui dit qu'il vient lui faire part de son mariage.—Avec mademoiselle Leclerc? je le trouve fort convenable. — Non, général, avec madame... — Avec mademoiselle Leclerc, interrompit Napoléon, en appuyant sur ce nom. Non-seulement cette union est sortable, mais *je veux* qu'elle ait lieu immédiatement. — J'aime depuis long-temps madame...; elle est libre maintenant, et rien ne m'y fera renoncer.—Rien que ma volonté, répondit le premier consul, en fixant sur lui son regard d'aigle. Vous allez vous rendre sur-le-champ à Saint-Germain, chez madame Campan; vous demanderez votre future; vous lui serez présenté par son frère, le général Leclerc, qui est chez ma femme; il ira avec vous. Mademoiselle Aimée viendra ce soir à Paris.

Vous commanderez la corbeille, qui doit être belle, puisque je sers de père à cette jeune personne ; je me charge de la dot et du trousseau, et le mariage sera célébré sitôt que les formalités exigées par la loi seront remplies ; j'aurai soin de les abréger. Vous m'avez entendu ; *il faut obéir.* » En achevant cette longue phrase prononcée vite, avec ce ton absolu qui n'appartenait qu'à lui, Napoléon sonna et donna des ordres pour que l'on fût chercher le général Leclerc. Dès qu'il l'aperçut : « Eh bien ! avais-je tort ? lui dit-il ; voilà le mari de votre sœur. Allez ensemble à Saint-Germain, et que je ne vous revoie l'un et l'autre que lorsque tout sera arrangé ; je hais les discussions d'intérêt. »

Les deux généraux, également étonnés, sortirent pour *obéir*. Malgré toute la brusquerie du caractère le moins aimable, le général Davoust se soumit humblement. Arrivé chez madame Campan, il fut présenté à mademoiselle Leclerc, qui, probablement parce qu'elle lui était offerte sans qu'il lui fût permis de la refuser, ne lui plut nullement. L'entrevue fut, comme on peut croire, très-sérieuse ; mais enfin on convint de tous les arrangemens. Très-peu de jours après, la noce eut lieu.

Le général Davoust n'apprécia pas d'abord tout le prix de sa charmante compagne. Elle eut, dit-on, beaucoup à souffrir, de scènes fort pénibles, de reproches injustes, puisqu'elle était bien innocente de la contrainte qui l'avait soumise à un joug si rude; elle ne se plaignit pas, et n'opposa à tant de torts qu'une patience et une douceur inaltérables. Ne paraissant aux Tuileries, dont elle était un des ornemens, que lorsqu'elle y était obligée, elle vivait fort retirée, entièrement occupée de l'époux qui la rendait malheureuse, et de ses enfans qu'elle chérissait; elle en perdit plusieurs. Tous ces chagrins n'altérèrent point son angélique bonté. Tant de vertu toucha celui qui avait de grandes qualités guerrières sans doute, mais aucune de celles qui font le charme de l'intérieur. Il se repentit de n'avoir pas aimé la femme que tout le monde admirait, et lui accorda enfin une tendresse véritable et une entière confiance.

Il y a vingt ans que mes relations avec la princesse d'Eckmuhl sont finies; ainsi, ce que je viens de dire n'est dicté que par le désir de faire apprécier davantage une personne dont la modestie égale le mérite : je n'ai fait que répéter ce que nous dit l'impératrice. C'est avec un vrai plaisir que j'ai cité une femme qui honore mon sexe à tant de titres.

Je me rappelle parfaitement le général Leclerc, avec lequel j'ai été quelque temps à la campagne dans mon enfance. Il était petit, d'une physionomie douce, son caractère bienveillant et bon. Adorant sa femme, il supportait sans humeur des caprices insoutenables et continuels. Elle le tourmentait sur tout, et lui répétait à chaque instant qu'il était bien heureux d'avoir épousé une personne comme elle, et d'être beau-frère du consul. Ce dernier titre, autant que l'on en pouvait juger, était précisément ce qui lui donnait une mélancolie singulière, dans une position aussi brillante que la sienne. Il était né fort indépendant, et eût préféré ne devoir ses grades et sa fortune qu'à lui-même. A l'époque de son mariage, la famille Bonaparte était pauvre, et rien n'annonçait pour elle, la gloire où elle est parvenue. Le général Leclerc, passionnément amoureux de Pauline, ne voulait qu'elle; aucun calcul ne se mêla à son choix.

Il vint prendre congé d'une de mes parentes, en partant pour Saint-Domingue. Je me souviens qu'il répondit aux complimens qui lui étaient adressés sur les suites de cette expédition : « Madame, elles ne peuvent être que fâ-
» cheuses pour moi; si je réussis, on dira que je
» n'ai pas fait un mouvement qui ne m'ait été
» dicté par mon beau-frère; si je succombe,
» ma mémoire ne sera pas même exempte de
» reproches. On assurera, pour flatter le consul,
» que le plan de campagne était bon, et que
» mon incapacité seule a fait échouer ce qui
» avait été tracé par lui. Je pars triste; mais main-
» tenant, tous, tant que nous sommes, *nous
» ne devons plus qu'obéir, nous avons trouvé un
» maître, là où nous ne voulions qu'un protecteur.* »

On fit devant moi de grandes réflexions sur ce discours. C'est probablement d'en avoir été ennuyée pendant toute une soirée, qui l'a fixé dans ma mémoire. A douze ans, être forcée d'entendre des discussions politiques, est assurément très-fatigant; c'est ce que je trouvais alors plus encore qu'aujourd'hui. Presque élevée par une tante d'un esprit supérieur, elle voulait me déshabituer de ne m'occuper que des futilités de mon âge; elle exigeait que je restasse dans son salon, vraie lanterne magique, où tout Paris se succédait; que je suivisse la conversation; pour être certaine que je l'avais bien écoutée, le lendemain j'étais questionnée pendant une demi-heure, sur tout ce qui s'était dit la veille. Ma tante m'expliquait avec bonté ce que je ne comprenais pas; redressait mon jugement, et me faisait sentir la nécessité de penser à autre chose qu'à des plaisirs, dont il ne reste trop souvent que de la fatigue et des regrets; ce qui ne m'empêchait pas de préférer un bal, ou le spectacle, à ces cercles, où j'étais condamnée à être immobile et muette.

Les conseils que je reçus alors, ont peut-être atténué une étourderie extrême, mais ils ne l'ont pas corrigée tout-à-fait. J'ai malheureusement dans ma vie, agi mille fois sans réflexion, entraînée par un premier mouvement; et par conséquent, je me suis souvent repentie de mes démarches inconsidérées; néanmoins j'avais pris l'habitude de me rendre compte, chaque soir, de tout ce que j'avais fait et entendu dans la journée. C'est sans doute ce qui m'a mise à même de classer mes souvenirs, et de pouvoir, en les écrivant, faire aimer plus encore l'impératrice Joséphine. Ainsi, les avis de ma respectable tante n'ont pas été entièrement perdus, et je leur dois beaucoup.

Madame Leclerc était sans contredit la plus jolie personne que j'aie vue. La jalousie, l'envie, si promptes à découvrir un défaut dans ce que l'on admire généralement, n'ont jamais pu parvenir à trouver la plus légère imperfection sur cette délicieuse figure, à laquelle était jointe la taille la plus élégante, la plus parfaite, et la grâce la plus séduisante. Critiquer son extérieur, était absolument impossible; il fallait ou se taire ou joindre ses éloges à ceux qu'excitait partout cette beauté incomparable. Heureusement pour les femmes viles, qui se désolent du succès des autres, elles pouvaient se venger sur l'esprit, le caractère et la conduite de Madame Leclerc.

Dépourvue de toute instruction, sa conversation était aussi insignifiante, aussi ennuyeuse que son visage était joli. Ne parlant que de toilette, affaire principale de sa vie, elle ne supportait pas que l'on s'entretînt d'autre chose autour d'elle. Il fallait pour lui plaire n'être occupé que de chapeaux, robes, etc.; si on avait le malheur de causer de musique, de peinture, d'histoire, elle vous prenait en grippe, parce que, ne comprenant rien à ce qui se disait, elle était forcée d'aller bouder dans un coin, afin de ne pas montrer toute sa nullité. C'est du moins ainsi qu'elle était lorsque je l'ai vue habituellement. Devenue depuis princesse Borghèse, ayant habité cette belle Italie, où il semble qu'il suffise de respirer pour avoir le sentiment des arts, peut-être a-t-elle acquis quelques notions de ce qu'elle ignorait; je ne dis que ce dont j'ai été témoin, et que l'on se permettait encore d'exprimer tout haut. Plus tard, la flatterie portée jusqu'à la plus basse adulation, aura trouvé le moyen de persuader qu'une sœur du grand Napoléon était nécessairement une femme parfaite de toutes manières; mais au temps dont je parle, on se bornait à louer avec enthousiasme son admirable figure. On avait raison : tout ce que l'on pouvait en dire était au-dessous de la réalité.

Sans vouloir entrer ici dans les détails de sa vie privée, il faut pourtant convenir de la dissolution de ses mœurs. Des *mémoires contemporains* doivent donner quelques éclaircissemens sur les personnages qu'ils mettent en scène; mais il me répugnerait de la suivre pas à pas, et je doute qu'aucune femme consentît à souiller sa plume par le récit d'erreurs si multipliées. Par pudeur pour notre sexe, il est des sujets sur lesquels nous devons ne pas nous appesantir.

Mᵐᵉ Leclerc laissait prendre un extrême empire à ses favoris, et mettait une sorte de gloire à déclarer publiquement son choix. Tant que la préférence qu'elle accordait durait, l'homme qui en était l'objet, pouvait exiger d'elle les choses les plus extravagantes ; mais aussi elle poursuivait avec acharnement ceux qui avaient le malheur de n'être plus aimés, ou se lassaient d'être ainsi en butte à l'envie des autres hommes et à la colère de Napoléon, qui voyait avec un profond chagrin le scandale qu'occasionnait une telle légèreté.

Lorsqu'elle partit pour Saint-Domingue, elle avait pour Lafon, acteur du Théâtre-Fran-

çais, une affection si peu cachée, que mademoiselle Duchesnois, apprenant que le général Leclerc emmenait sa femme, s'écria avec étourderie, devant beaucoup de monde: «Oh!
» mon Dieu, que j'en suis fâchée! Lafon est
» capable d'en mourir, il l'aime tant!» On eut beau lui faire des signes pour la faire cesser, elle continua pendant plusieurs minutes à plaindre le triste sort de son camarade.

Plus tard, madame Leclerc ne fut pas plus circonspecte; entourée de toute la pompe de la cour la plus magnifique, elle se livra avec le même abandon à ses goûts passagers. Voici quelques preuves du peu de peine qu'elle mettait à les cacher.

M. Jules de Canouville fixait depuis plusieurs mois tous les sentimens de la princesse; une jolie figure, une belle tournure, un cœur excellent, une bravoure à toute épreuve, étaient les qualités qui le distinguaient. Entré au service comme simple dragon, il était parvenu au grade de colonel, dans un temps où la faveur pouvait faire tout accorder, hors des récompenses méritées par une foule de braves et d'officiers, exposant chaque jour leur vie dans des affaires sanglantes ; on n'avait que l'embarras de choisir, car tous eussent pu justifier ce qu'ils obtenaient. Il fallait assurément un mérite réel, pour être l'objet d'une distinction particulière de l'empereur, et M. de Canouville en reçut plusieurs.

Beaucoup de fatuité, une grande étourderie, ternissaient un peu ces brillans avantages aux yeux des gens sensés ; mais auprès des femmes, il faut bien avouer que ces défauts mêmes, étaient des titres de plus à leur bienveillance. Elles avaient la faiblesse de lui pardonner une conduite qui les compromettait cruellement ; elles lui savaient gré de ne rien calculer lorsqu'il s'agissait d'elles. Ces dames étaient assez bonnes pour mettre sur le compte de la passion, ce qui simplement dépendait du caractère de M. de Canouville, et c'est précisément ce qui eût éloigné de lui une personne raisonnable, qui fit son succès auprès de la princesse. Fier de sa conquête, il demanda d'elle des preuves évidentes de son triomphe ; plus elle accordait de distinctions flatteuses, plus il en demandait ; enfin, cette liaison eut une déplorable publicité, causée par leur mutuelle inconséquence.

M. Bousquet, célèbre dentiste, fut appelé à Neuilly (résidence de la princesse Pauline), afin de visiter la bouche et de nettoyer les dents de son altesse impériale. Introduit près d'elle, il se prépare à commencer son opération. « Monsieur, dit un charmant jeune homme en robe de chambre, négligemment couché sur un canapé, prenez bien garde, je vous prie, à ce que vous allez faire. Je tiens extrêmement aux dents de ma Paulette; et je vous rends responsable de tout accident. — Soyez tranquille, mon prince; je puis assurer votre altesse impériale qu'il n'y a aucun danger. » Pendant tout le temps que M. Bousquet fut occupé à arranger cette jolie bouche, les recommandations continuèrent; enfin, ayant terminé ce qu'il avait à faire, il passa par le salon de service, où se trouvaient réunis les dames du palais, les chambellans, etc., qui attendaient le moment d'entrer chez la princesse. On s'empressa de demander des nouvelles à M. Bousquet. « Son altesse impé-
» riale est très-bien, et doit être heureuse du
» tendre attachement que lui porte son au-
» guste époux, et qu'il vient de lui témoigner

» devant moi d'une manière si touchante. Son
» inquiétude était extrême, je ne réussissais
» que difficilement à le rassurer sur les suites
» de la chose du monde la plus simple. Je
» dirai partout ce dont je viens d'être le té-
» moin. Il est doux d'avoir de tels exemples
» de tendresse conjugale à citer dans un rang
» si élevé. J'en suis vraiment pénétré. » On
ne cherchait point à arrêter l'honnête M. Bousquet dans les expressions de son enthousiasme;
l'envie de rire empêchait de prononcer une
parole; et il partit convaincu que nulle part il
n'existait un meilleur ménage que celui de la
princesse et du prince Borghèse. Ce dernier
était en Italie, et le beau jeune homme était
M. de Canouville !

De pareils sujets de scandale se renouvelaient
souvent; toute cette cour était condamnée à
subir la nécessité non-seulement de supporter
le dégoût qu'ils inspiraient, mais même de louer
celle qui s'en rendait coupable. Vanter la vertu
devant elle eût été une sanglante épigramme;
on ne l'eût point osé. Maintenant, en s'en montrant enchanté, on peut craindre de paraître
flatteur !

La princesse Borghèse donna un magnifique bal auquel assista toute la famille impériale. Le vice-roi devait danser avec la reine de Naples ; il était déjà en place, lorsque M. de Canouville se précipite vers l'orchestre et crie à Julien, qui le conduisait : « Une walse. — Monsieur, c'est une contre-danse que l'on va danser. — Je veux une walse. » Pendant ce petit colloque le vice-roi s'était approché, et observa que, pour suivre l'ordre établi jusqu'à ce moment, il fallait la contre-danse. — C'est possible, Monseigneur, s'écria impétueusement M. de Canouville ; mais comme je walse avec la princesse Borghèse, je le répète, je veux une walse. Et tout de suite, obéissez, Julien. — Moi, Monsieur, dit doucement le vice-roi à Julien, *je vous prie* de jouer la contre-danse. Ce qui fut fait, plusieurs personnes ayant entouré M. de Canouville, pour lui faire sentir combien sa conduite était inconvenante.

L'extrême modération du vice-roi fut connue promptement dans Paris, et augmenta l'affection qu'on lui portait, en prouvant qu'il savait allier les vertus privées à celles qu'il avait déployées dans les camps. Il se contenta d'opposer le sang-froid à une inconcevable folie, tandis qu'il pouvait d'un mot nuire à celui qui ne craignait pas de se mettre ainsi en opposition avec lui. C'est par de semblables actions que les princes doivent en effet se distinguer et se venger.

Napoléon reçut en présent de l'empereur de Russie une pelisse d'un grand prix doublée en queues de martre. Madame Borghèse fit de telles exclamations sur le bonheur d'avoir une si admirable fourrure, que son frère lui en fit le sacrifice; elle l'accepta avec joie. Arrivée à l'Elysée elle ne parla que de cette pelisse. M. de Canouville, ennuyé de voir toute l'attention de la société se porter sur cette parure, prit de l'humeur et la témoigna hautement. On voulut s'excuser; mais il persista à dire que ce présent était préféré à tout. Aussitôt la princesse le força de l'emporter pour s'en faire un dolman, et une doublure de chabraque.

Sans réfléchir au mécontentement que pourrait éprouver l'empereur, M. de Canouville fait employer à son usage cette magnifique fourrure, et se rendit à la parade revêtu de ce bel uniforme de houssard. Il avait un cheval un peu fougueux dont il ne fut pas tout de suite maître; il causa quelque désordre, et Napoléon arriva à toute bride près de lui pour savoir ce qui pouvait déranger ainsi un escadron manœuvrant ordinairement si bien; à peine a-t-il jeté les yeux sur M. de Canouville, qu'il aperçoit ce qu'il a peu de jours avant donné à sa sœur. Furieux il s'écrie: M. de Canouville, votre cheval est trop ardent pour une parade, il faut le dresser en allant en Russie, vous commanderez là un régiment avec plus de gloire qu'ici, et vous et votre cheval reviendrez plus calmes, j'espère.

M. de Canouville partit en effet, laissant la princesse livrée au désespoir. Il se conduisit à merveille, s'attira l'affection de ses subordonnés, de ses camarades et l'estime de ses chefs; après une action brillante il fut tué par le boulet d'une pièce que l'on déchargeait, l'armée entière le regretta.

On trouva sur lui un portrait fort ressemblant de la princesse; il était entouré de diamans, on le porta sur-le-champ au roi de Naples qui le fit passer à sa belle-sœur. Celle-ci envoyait tous les quinze jours en Russie un courrier chargé de voir et de parler à M. de Canouville, une lettre ne la rassurant pas assez.

M. Ernest de Canouville, maréchal des logis du palais de l'empereur, était le frère de celui dont je viens de parler; il ne se faisait remarquer que par la perfection de sa danse qui lui permettait de rivaliser avec le dernier coriphée de l'Opéra; pendant qu'il dansait, son frère se battait en héros pour la défense de son pays. Ce talent s'accordait fort peu avec la figure froide et sévère et le pédantisme du caractère de M. Ernest : il était à seize ans ce qu'il est sûrement aujourd'hui, sérieux, convaincu de son mérite que personne n'apercevait, et aussi *économe* que son frère était généreux et prodigue. J'ignore absolument ce qu'il est devenu; mais je trouve fâcheux pour lui que la mode ordonne de marcher simplement au bal, je ne vois pas trop ce qu'il peut faire maintenant dans un salon.

CHAPITRE III.

Bal chez le prince de Neufchâtel. — Madame Foy. — Je perds ma mère dans la foule. — La reine Hortense et l'empereur me parlent. — Ma brusquerie. — Détails sur madame Foy. — Le colonel Lamothe-Houdard ; sa mort. — Mariage du général Foy.

Les plus belles fêtes à cette époque étaient données par le prince de Neufchâtel : il habitait l'hôtel occupé maintenant par le ministre des affaires étrangères ; il avait fait ajouter l'aile qui donne sur le jardin, elle formait une immense galerie communiquant aux appartemens du rez-de-chaussée, consacrés à la danse. On servait le souper au premier. Les tables étaient de douze couverts, excepté celle de la princesse, à laquelle s'asseyaient les membres de la famille impériale, les princes étrangers qui venaient faire leur cour à Napoléon, et quelques grands dignitaires de l'empire.

Nous fûmes engagées à l'un de ces bals donné à l'occasion de la naissance du roi de Rome ; l'impératrice nous permit d'aller passer quelques jours à Paris pour nous préparer à y paraître, nous y rendre et nous reposer d'y avoir été. Ce bal était masqué. Pour avoir un beau costume il fallait faire de grandes dépenses. Nous convînmes, ma mère, madame Foy, une autre dame et moi, d'y aller en domino, ce qui était permis. N'ayant pas l'habitude de ce genre de plaisir, je me réjouissais fort d'en profiter, et ne crus pas possible de m'ennuyer. Madame Foy, accoutumée à toutes ces cohues qu'on était convenu d'appeler délicieuses, me prédisait que je ne serais pas une heure dans cette foule sans être désolée de m'y trouver; que, n'osant dire un mot sous mon masque, la soirée me paraîtrait un siècle, et que, si elle n'était pas mariée, elle s'y déplairait, puisqu'ainsi que moi elle ne pourrait intriguer personne. Malgré la confiance que j'avais dans son jugement, je persistai à soutenir que je m'amuserais beaucoup.

Je m'habillai avec empressement; je me fis coiffer avec une guirlande ; c'était alors l'usage, afin de n'être pas trop laide lorsque l'on se démasquait pour souper. Après avoir pressé ces dames d'une manière insupportable, je montai en voiture avec une joie folle. Nous partîmes de la rue Royale. Arrivées au boulevard, nous prîmes la file, et mon impatience devint extrême de voir que quelquefois nous avancions deux pas, pour en reculer trois. Je baissais la glace de devant, je pressais le cocher de couper les autres équipages, je me mettais à la portière pour voir si on apercevait l'hôtel; enfin je m'agitais inutilement, et je commençai à trouver que tout n'était pas plaisir dans les bals de la cour. Madame Foy riait; mais elle était trop bonne pour se moquer de moi et pour augmenter ma peine par le détail de ce qui allait m'arriver plus tard. Après une heure et demie qui me parut une éternité, nous arrivâmes poussées, pressées, étouffées, et je fus alors convaincue de la justesse des observations de mon aimable amie. Plus nous avancions vers la belle salle de bal, plus nous étions mal à l'aise; et ce ne fut qu'après des fatigues inouies que nous parvînmes à trouver quelques places sur une banquette; j'étais déjà lasse en entrant.

J'aimais beaucoup la danse; mais voyant que les dominos faisaient une fort triste figure auprès des ravissans costumes de toutes ces jolies personnes qui figuraient devant moi, je me décidai à ne pas remuer. Masquée jusqu'aux dents, qui que ce soit ne m'adressait la parole; ma mère s'ennuyait, moi aussi, mais je ne voulais pas en convenir, et me mis à examiner, pour me distraire, la magnificence qui m'environnait.

Les femmes faisaient assaut de toilette, toutes me paraissaient charmantes, chacune ayant choisi la parure la plus favorable à sa figure. L'or et les diamans étincelaient de toutes parts, des glaces éclairées par mille bougies, réfléchissaient ces brillantes images; et des caisses de fleurs, posées avec art, entre des colonnes, exhalaient les parfums les plus exquis. Je me croyais vraiment transportée dans quelques palais enchantés des Mille et une Nuits, et je témoignais vivement mon admiration à ma mère. Tout-à-coup, en levant la tête, j'éclate de rire d'une manière assez bruyante pour que mes voisins s'informent de la cause de cette gaieté peu ordinaire dans ce genre de réunion, où elle devait être soumise à l'étiquette, comme chaque mouvement ou chaque révérence. Sans pouvoir répondre, je riais toujours; ma mère me grondait tout bas, en me disant que je faisais scène, que cela était du plus mauvais ton; je n'en continuais pas moins. Enfin, je montrai du doigt une tribune, dans laquelle se trouvaient les musiciens; tous avaient le domino de rigueur, et leurs étranges figures eussent été dignes du pinceau spirituel des Martel, Vigneron, Charlet, etc. Le nègre Julien, affublé d'un camail couleur de rose, élégamment garni, était ce que j'ai vu de plus extraordinaire; un second violon poudré à blanc n'était pas moins singulier sous son capuchon bleu de ciel. Je fus toute étonnée du sérieux de ceux auxquels je montrais ces caricatures qui me paraissaient si plaisantes; l'habitude les leur faisait trouver naturelles, et l'on se moqua de moi, beaucoup plus que je ne m'étais moquée de cet orchestre si drôlement habillé.

Ma mère, pour me dérober aux observations

que se permettaient mes voisins sur mon peu d'usage du monde, me proposa d'aller dans une autre salle : j'y consentis; nous nous levâmes, et nous nous dirigeâmes vers celle où l'on disait qu'était le quadrille des princesses. Arrivées à une porte encombrée d'allans et de venans, je fus tout à coup séparée de ma mère et transportée en quelque sorte loin d'elle, sans qu'il me fût possible de la rejoindre. Je perdis complètement la tête; ne sachant ce que je faisais, j'ôtai mon masque et me mis à parcourir dans tous les sens la pièce où j'étais parvenue avec tant de peine. Rouge, effarée, je criais à tue-tête: mon Dieu! où donc est maman? avez-vous vu maman? On me regardait, on riait; et comme l'on ne me connaissait pas, on passait près de moi sans daigner m'adresser la parole; enfin, après quelques minutes d'une angoisse impossible à décrire, M. Gazani me rencontra, et, avec sa bonté ordinaire, m'offrit son bras pour m'aider à retrouver cette mère que je demandais à tout le monde. Jamais service ne vint plus à propos, et ne fut rendu avec plus d'obligeance.

Nous parcourûmes différens salons. Pendant

que je regardais de tous côtés, pour apercevoir l'objet de mes recherches, deux dominos noirs s'approchent de moi. L'un d'eux me dit que c'est sans doute par coquetterie que j'ai ôté mon masque, puisque tous ceux qui portaient ce costume peu favorable le gardaient en général pendant toute la soirée. — Il s'agit de coquetterie, vraiment! Je voudrais être loin d'ici, et ne cherche guère à y plaire, je vous assure. — Comment! vous ne vous amusez pas? Vous, Mademoiselle, si gaie, si folle de la danse? continua mon petit masque en me tenant par le bras. — Mais non, je m'ennuie, vous dis-je. Je cherche ma mère, et vos questions achèvent de me faire trouver cette soirée fatigante à l'excès. Tout le monde m'excède aujourd'hui. — Je suis cependant décidée à ne pas vous quitter encore. Allez-vous demain au concert de la reine Hortense? — Hélas! oui; pour peu que cette soirée soit aussi agréable, aussi amusante pour moi que celle ci, j'aurai eu là une jolie semaine. Je prononçai ces derniers mots avec un redoublement d'humeur marqué; et, arrachant mon bras des mains du domino, qui semblait avoir pris à tâche de me tourmenter, j'entraînai M. Gazani dans un autre coin de la salle, où je retrouvai ma mère. M. Gazani, après quelques minutes accordées au récit de mes mésaventures, me dit qu'il pensait que je venais de faire une grande maladresse, en répondant si brusquement tout à l'heure. Encore une! demandai-je avec anxiété, et laquelle? mon Dieu! il me semble que jamais je ne fus si sotte. — Je crois, Mademoiselle, que ce domino, si mal traité par vous, était la reine de Hollande. — Oh! pour le coup, il ne manquerait que cela! — Je vous assure que j'ai reconnu sa voix et ses gestes. Je voulus me persuader qu'il s'était trompé; mais cette voix, mal déguisée, retentissait à mes oreilles, et je ne pus m'empêcher de conserver une inquiétude que je combattis sans pouvoir parvenir à en triompher, et qui acheva de me faire désirer vivement de quitter le théâtre de tant de choses désagréables, accumulées avec une véritable fatalité.

Nous ne pûmes rejoindre madame Foy qui, spirituelle, gracieuse, piquante, ayant l'habitude du bal masqué, s'amusait beaucoup, et intriguait tous ceux dont elle consentait à s'occuper. Nous partîmes donc sans elle.

Avant de donner des détails sur le concert de la reine Hortense, où nous devions aller le lendemain, je veux dire quelques mots de la femme charmante dont je viens de parler. Elle m'a inspiré une amitié trop sincère pour que l'absence ait pu l'effacer de mon cœur. Les circonstances nous ont éloignées l'une de l'autre; mais le temps où elle me traitait comme une sœur a été si heureux pour moi, que je veux m'y transporter un instant; ce sera retrouver quelques-unes des douces illusions de ma jeunesse....

La compagne de l'un de nos plus illustres orateurs, de l'un de nos généraux les plus distingués, doit d'ailleurs intéresser la France entière, qui s'est associée à ses justes douleurs; c'est presque un devoir de dire ce que j'en sais, puisque ce sera assurer mes concitoyens que le général Foy dût être heureux pendant sa trop courte carrière.

Le général Baraguay-d'Hilliers épousa par amour madame Daniel, veuve d'un officier, dont elle avait eu deux enfans, qui furent adoptés par son second mari, et traités par lui avec une tendresse qui ne s'est jamais démentie. Mademoiselle Lise d'Hilliers (l'aînée des deux) était jolie, remarquable par son esprit, et par une facilité rare qui la faisait réussir dans tout ce qu'elle apprenait; une grande vivacité, jointe à une douceur soutenue, rendait sa société agréable et sûre. Élevée par sa mère, femme d'un vrai mérite, elle réunissait des connaissances solides aux talens qui les embellissent.

Elle fut fiancée au colonel Lamothe-Oudard, l'un des officiers les plus braves de l'armée; tout se préparait pour son mariage qui allait se célébrer à la terre du général d'Hilliers; le trousseau était prêt, la corbeille donnée, les guirlandes de fleurs qui devaient orner la chapelle préparées, les voisins invités à assister à la cérémonie qui assurait le bonheur de cette jeune personne, objet de tous les vœux et de tous les hommages. Un courrier arrive qui apporte à M. Lamothe l'ordre de rejoindre sur-le-champ la grande armée. Il savait qu'avec Napoléon une heure suffisait souvent pour assurer une gloire éternelle; il ne la consacra pas même à l'amour, malgré les instances les plus vives pour avancer la célébration, il s'arracha des bras d'une famille qui le chérissait déjà comme un fils; peut-être dans peu de jours, s'écriait-il, il ne restera de moi qu'un nom de plus à ajouter à la liste des hommes morts pour leur patrie. J'ai entrevu le bonheur! c'est beaucoup! adieu.

Il partit et courut rejoindre ce chef qui déjà tant de fois lui avait appris à vaincre. Toute cette joie fut changée en tristesse, et de cruels pressentimens, qui trompent tant de fois les amans, persuadés que tout doit être funeste dès qu'ils sont forcés de se quitter, furent cette fois cruellement réalisés. Le colonel Lamothe, après des actions dignes de sa belle réputation militaire, fut tué, je crois, à Austerlitz.

Mademoiselle d'Hilliers sentit avec toute l'énergie de son caractère la perte qu'elle venait de faire. Sa santé fut même altérée au point de donner quelques inquiétudes. Les médecins pensèrent que le changement de lieu pouvait seul la guérir de cette consomption qui la minait. Elle suivit donc son père en Italie, où il avait un commandement; c'est là qu'elle connut le général Foy, dont elle reçut les soins d'abord avec indifférence. Peu à peu elle fut subjuguée par les qualités éminentes, qui dèslors pouvaient donner l'idée de ce qu'il serait un jour; pressée par sa famille, entraînée par l'ascendant irrésistible de tous les genres de mérite, elle consentit à une union trop tôt rompue!

Je l'ai vue fière de son choix, lisant avec orgueil les lettres pleines d'éloquence et de tendresse qu'il lui adressait de Portugal. Je l'ai totalement perdue de vue, ses relations différant des miennes. On a depuis essayé de me dire d'elle des choses qui eussent dû me faire totalement changer d'opinion sur son compte. Je suis heureuse de pouvoir en douter, et d'imaginer que l'esprit de parti seul a pu dicter ces calomnies. Puisse-t-elle, si elle me lit, trouver ici l'assurance que je suis toujours la même, et partager le plaisir que j'ai éprouvé à me rappeler notre ancienne liaison!

CHAPITRE IV.

Soirée chez la reine Hortense. — M. de Flahault y chante. — Jolie réponse de lui. — Madame de Souza, sa mère. — Mademoiselle de Bourgoing. — Madame la comtesse de Brocq. — Mesdames les duchesses Augereau, Montebello et Bassano. — Anecdote arrivée à Fontainebleau.

Nous arrivâmes tard chez la reine Hortense, notre très-modeste équipage ayant eu peine à se faire place au travers des brillantes voitures qui encombraient la rue. Les cochers, fiers de la livrée qui attestait leur servitude, tenant avec orgueil les rênes qui servaient à contenir l'ardeur de deux beaux et fringans coursiers, s'épuisaient en plaisanteries et en bons mots d'antichambre, dont le ton était déjà trop élevé pour être compris par l'humble conducteur de pauvres chevaux maigris au service du public. Tous les coups de fouets des insolens gentilshommes de siége ne pouvaient réussir à nous tirer d'embarras; il nous fallut une grande heure pour parvenir jusqu'à la porte cochère. Comme de raison, nous fûmes obligées d'y mettre pied à terre. Heureusement il faisait beau, et nous arrivâmes au vestibule sans l'accident que je redoutais pour mes souliers blancs. Le suisse, les valets de pied nous regardèrent bien avec un léger mouvement de dédain qui me fit rougir jusqu'aux yeux; mais ce petit déboire d'amour-propre cessa si vite que j'en étais consolée avant d'être au haut de l'escalier.

Les salons étaient pleins; le piano se trouvait dans la pièce où se tenait la reine. Il fallait en traverser plusieurs pour arriver jusqu'à Sa Majesté, coudoyer des hommes chargés d'ordres et de broderies, des femmes éblouissantes de parure; je marchais sur les pieds des uns, j'accrochais les belles garnitures des autres, en faisant à droite et à gauche des révérences aux personnes que je voyais à la Malmaison; je sentais que je faisais tout de travers, j'éprouvais un malaise et un embarras extrême, augmentant à mesure que j'approchais de la reine, et je finis par être totalement décontenancée. Ce qu'elle me dit n'était pas assurément propre à me remettre. On va en juger par ce qui suit.

Bonjour, Mademoiselle ; êtes-vous plus gentille qu'hier? Savez-vous que vous n'êtes pas du tout aimable au bal masqué? Comment! je vais vous parler, et vous me répondez avec une brusquerie, une disgrâce, tout-à-fait éloignées de vos manières ordinaires. — Madame, je ne savais où était ma mère, et j'avoue.....
— Oui, je sais cela ; ce n'était pas cependant une raison pour me traiter ainsi. — J'ignorais que Votre Majesté eût daigné.... — Sans doute, vous ne pouviez deviner qui j'étais ; c'est une belle leçon pour l'avenir, qui vous engagera, j'espère, à être toujours bienveillante; je suis affligée de cette petite scène d'hier ; je ne vous abordais que pour vous faire valoir ; et en vérité, il faut convenir que vous ne pouvez être accusée d'avoir été *mon compère*. Voici le fait. Mon chevalier voulait vous connaître. Il sait combien ma mère vous aime; il désirait savoir si son goût était bon. Pour cela il fal-

lait juger de votre esprit, avoir quelques notions sur votre ton, enfin ne pas se contenter d'un joli visage. C'est pourtant tout ce qu'il a pu approuver en vous. Jugez de mon chagrin en vous entendant, car ce domino si curieux était.... l'empereur.

Je fus atterrée par ces paroles ; je ne pouvais, avec la meilleure volonté du monde, me dissimuler que jamais je n'avais été aussi maussade qu'à ce bal. C'est précisément ce jour-là que j'eusse voulu être mieux que de coutume, pour justifier les bontés dont j'étais l'objet. Ne pas m'être montrée digne de la faveur de l'impératrice, me semblait une ingratitude que je me reprochais comme si elle eût été volontaire. L'empereur dut être surpris de voir prodiguer ainsi des marques de bienveillance à une personne qui ne pouvait lui paraître qu'un enfant mal élevé.

La reine, voyant se peindre sur ma figure l'émotion la plus pénible, m'adressa quelques mots avec sa grâce accoutumée, et m'assura qu'elle avait dit à l'empereur tout ce qui pouvait atténuer l'impression défavorable causée par ma rudesse hors de propos. Il avait trouvé plaisante cette franchise de ton à laquelle il n'était plus habitué, et qu'il ne retrouvait qu'à l'armée où ses soldats la conservaient avec lui ; ce qui ne lui déplaisait nullement.

Je fus fort peu satisfaite qu'il fallût aller chercher au camp quelque similitude avec moi ; mais pour remercier la reine de la bonté qu'elle mettait à me consoler, je tâchai de reprendre ma sérénité ordinaire ; j'avoue que ma légèreté habituelle effaça promptement de mon imagination cette scène désagréable ; et je me livrai à mon plaisir le plus grand, celui d'observer ceux qui m'entouraient.

Jamais je n'eus plus de facilité pour me livrer à mon goût dominant, car près de la plus jolie femme s'en trouvait une affreuse ; à quelques pas de la gracieuse figure de la duchesse de Conegliano se remarquait la minaudière, madame Thib... Non loin de l'élégante duchesse de Montebello, la lourde maréchale S... étalait son énorme embonpoint et sa ridicule toilette ; enfin, tout était contraste dans cette nombreuse assemblée.

Je retrouvai là M. de Flahault, avec lequel

j'avais presque été élevée en émigration, et dont la charmante mère, amie de la mienne, dans le temps d'adversité, était restée la même après la brillante fortune qu'elle avait faite, en épousant M. de Souza, ministre de Portugal. Elle nous reçut constamment avec une extrême amitié, et nous rendit plusieurs services importans, qui nous prouvèrent qu'en peignant dans ses charmans ouvrages des âmes nobles et élevées, elle n'était pas obligée d'aller chercher bien loin son modèle.

M. de Flahault était de la plus agréable figure; il avait un ton parfait, beaucoup de grâce dans l'esprit, et une douceur de caractère qui n'annonçait pas la fermeté d'opinion qu'il a déployée depuis. Il chantait remarquablement pour cette époque, et sa complaisance extrême ajoutait encore à son talent. La reine le pria de se mettre au piano, ce qu'il fit avec une simplicité pleine de charmes dont les amateurs se croient en général dispensés; ils font presque toujours acheter le plaisir de les entendre, par l'ennui mortel de leur demander pendant une heure ce que l'on sait qu'ils brûlent d'accorder, et qu'ils ne refussent que pour se conformer à l'usage. Il serait en vérité temps que toutes ces minauderies d'un excessif amour-propre fussent proscrites ; que les talens médiocres, au lieu d'être sollicités de se mettre au jour, fussent au contraire obligés de demander qu'on voulût bien les écouter; ce serait beaucoup plus naturel et plus franc de part et d'autre.

M. de Flahault avait toute l'étourderie qui sied à la jeunesse, lorsqu'elle ne dégénère ni en fatuité, ni en licence. Sa mère le grondant un jour sur une légèreté que la sévérité maternelle croyait devoir signaler : Mon Dieu! maman, lui dit-il, je crois que vous voudriez que la barbe me poussât blanche. Cette charmante réponse mit fin au sermon commencé.

Garat, qui se trouvait à cette réunion, fut à son tour prié de se faire entendre; et par malice pour moi, à qui il avait donné quelques leçons, il annonça à la reine qu'il allait me demander de dire avec lui le duo de *crudel perche fin ora*; je l'aurais, je crois, battu si j'avais pu: chanter devant cette assemblée si nombreuse, dans laquelle j'avais peu de connaissances, et une seule amie que je nommerai tout à l'heure, me parut le comble du malheur; cependant, voulant éviter que l'attention fût plus long-temps fixée sur moi, je me décidai à m'exécuter promptement, et avec un tremblement général, je suivis ma mère et Garat au piano. Assurément je ne dus ennuyer personne, car la peur me paralysait à un tel point, qu'il me fut impossible d'articuler un son; et ce duo fut un véritable solo, dont Garat fit les frais.

Revenue à ma place, je me trouvai près de mademoiselle de Bourgoing, qui a depuis épousé le maréchal Macdonald, qu'une mort prématurée a enlevée à une famille dont elle était l'idole, et à la société de laquelle elle était l'exemple. Son aimable caractère ne changea point; elle conserva jusqu'au dernier moment l'obligeance et la douceur qui en formaient la base. Liée avec elle dans mon enfance, nous fûmes long-temps séparées. Son immense fortune, les honneurs dont elle était entourée devaient nécessairement l'éloigner de moi, qui restée dans une obscurité qui me plaisait, me fusse trouvée fort ennuyée de n'être jamais libre et seule avec une amie; pour que ce sentiment si délicieux de l'amitié répande des charmes sur les instans qui lui sont consacrés, il ne faut pas qu'il y ait trop de différence dans les positions de ceux qui l'éprouvent, sinon on ne se comprend plus, et mille émotions qui devraient être communes, mille sensations qu'il faudrait éprouver en même temps, ne trouvent plus accès que dans un seul cœur! dès que mademoiselle de Bourgoing était duchesse, et maréchale de France, nous devions, non devenir étrangères l'une à l'autre, mais ne plus nous voir.

Convaincue de l'impossibilité d'une confiance intime, lorsque les rangs ne sont plus semblables, j'ai toujours renoncé à mes amies, lorsque de brillans mariages les lançaient dans une route nouvelle, dans laquelle je ne pouvais les suivre; n'ayant aucune ambition, je les fuyais dès qu'elles étaient heureuses, par des avantages qui ne me paraissaient pas le bonheur, mais qui attiraient autour d'elles une foule d'indifférens. Je m'intéressais toujours à elles, je jouissais de tout ce qui leur arrivait de favorable, je m'affligeais de leurs peines, et m'en tenais éloignée.

La duchesse de Tarente m'a prouvé que son âme avait été bien jugée par la mienne. Elle apprit que je venais de perdre mon père. Elle m'écrivit à cette occasion la lettre la plus tendre et la plus aimable, dont je fus profondément touchée. J'eus plus tard encore une nouvelle preuve du souvenir qu'elle conservait de notre ancienne amitié.

Je m'adressai à elle pour solliciter la protection du maréchal, pour une pauvre orpheline, fille d'un sergent décoré mort sur le champ de bataille. Je désirais son admission à Saint-Denis. Il ne fallait pour intéresser la duchesse, que lui peindre l'infortune de cet enfant, resté à la charge d'une vieille grand' mère, obligée de travailler pour vivre. Peu de jours après ma demande, je reçus le brevet qui assurait un asile honorable et une bonne éducation à cette infortunée. Elle fut admise dans cette maison où les filles de tant de braves reçoivent la récompense touchante de la gloire de leur père (1).

(1) Madame la baronne de Bourgoing, surintendante de la maison royale de Saint-Denis, est la mère de la duchesse de Tarente.

Pourquoi faut-il que l'expression de ma reconnaissance, pour un service rendu avec tant de grâce, ne s'adresse plus qu'à une ombre!...

Je remarquai près de la reine Hortense une personne dont la toilette élégante et le maintien un peu hardi annonçaient une prétention qui contrastait singulièrement avec une grande taille sans aucun agrément, et une figure dont les traits fortement prononcés étaient sans charmes. J'appris que c'était mademoiselle Cochelet, lectrice, qui, d'une place inférieure, s'était élevée à celle d'amie de la reine. Elle était sa favorite, et rien, disait-on, ne se faisait dans la maison sans qu'elle ne fût consultée. Je m'étonnai de la faveur extraordinaire dont elle jouissait, et cela uniquement parce que son extérieur ne me plaisait pas. Ma légèreté me fit juger tout de travers encore dans cette occasion. Par sa fidélité à sa souveraine, son dévouement, elle a prouvé combien elle était digne d'inspirer un attachement sincère. Ceux qui la connaissent prétendent que son esprit et ses talens rendent sa société charmante. C'est une des mille occasions où mon jugement n'avait pas le sens commun.

Mademoiselle Cochelet, mariée avantageusement, habite en Suisse près de son amie, à laquelle elle prodigue toujours tous ses soins.

C'est à ce cercle que je vis, pour la première fois, l'une des plus charmantes femmes de cette cour; elle a été si généralement regrettée, que la nommer suffit pour indiquer ce qu'elle réunissait de perfections; c'était madame de Brocq!... Mise avec une simplicité de bon goût, elle me parut éclipser tout ce qui l'entourait, non qu'elle fût régulièrement belle, et qu'elle attirât tout de suite les regards. Il était très-aisé peut-être d'avoir un plus joli nez, une plus petite bouche, un teint plus éclatant; mais il était certainement impossible d'avoir de plus beaux yeux; tout ce qu'il y a de bon, de fin, s'y trouvait; et lorsqu'on avait une fois obtenu un de ses regards, il fallait aimer madame de Brocq. L'espèce de négligence de tous ses mouvemens lui donnait quelque chose de particulier que je n'ai vu qu'à elle. L'intérêt qu'elle inspirait par l'impression touchante de son visage devait se changer en amitié, dès qu'elle voulait prendre la peine d'en inspirer; mais elle semblait, en quelque sorte, vouloir fuir tout sentiment tendre, comme si elle eût craint d'être distraite de sa pensée habituelle, le souvenir de son mari, qu'elle avait perdu deux ans, je crois, avant cette époque. Il eût été difficile d'être gai en causant avec elle; cependant, elle n'était pas précisément triste, et cherchait à prendre part à la conversation. Son sourire avait toujours l'air d'un effort pénible; et, loin de se réjouir de l'obtenir, on s'affligeait presque de l'avoir excité. C'était un contre-sens sur cette physionomie qui eût pu servir de modèle à la mélancolie personnifiée. Madame de Brocq en avait tout le vague et le charme (1).

Plusieurs femmes citées pour leur beauté se trouvaient aussi à cette soirée, et y brillaient dans des genres différens. Madame la duchesse

(1) On sait que cette personne charmante périt en Suisse, sous les yeux de la reine, qui la vit rouler dans un précipice horrible, d'où on ne retira plus qu'un corps affreusement mutilé! Le désespoir de Sa Majesté fut extrême, et ses vifs regrets partagés par tous ceux qui avaient été à même d'apprécier les vertus, les talens et le caractère de madame la comtesse de Brocq.

Elle était sœur de madame la maréchale Ney.

de Bassano, suivant moi, était la plus remarquable par sa figure régulière et sa belle taille. Je savais d'elle une infinité de traits touchans, qui, peut-être, prêtaient à sa physionomie mille perfections. Je croyais y découvrir tout ce qui annonce l'épouse irréprochable, la mère la plus tendre, l'amie la plus sûre et la plus dévouée ; et je la regardais avec d'autant plus de plaisir qu'elle avait été bonne au-delà de toute expression pour une personne de ma famille. Il m'a toujours été doux d'admirer une femme : il me semble que quelques-unes de ces qualités rejaillissaient sur tout mon sexe, et que je devais en attraper quelque chose.

Madame de Bassano était trop belle, son époux trop puissant, trop comblé des faveurs de son souverain, pour que la calomnie ne cherchât pas à l'atteindre. Elle poursuit avec plus de persévérance tous les genres de mérite, et ne laisse en repos que ceux qui ne peuvent inspirer l'envie. Madame de Bassano n'opposa à ses traits acérés que le témoignage d'une conduite à laquelle l'empereur rendit justice dans plusieurs circonstances.

Habitué à réussir auprès d'un grand nombre de dames, qui allaient même au devant de ses hommages, on prétend qu'il eut quelque temps l'idée de plaire à madame de Bassano. Il s'occupa d'elle avec assiduité : elle lui répondit avec une respectueuse froideur qui devait lui prouver qu'il serait cette fois forcé de convenir qu'il avait échoué dans ses projets.

Etant à Fontainebleau, il rencontra madame de Bassano dans la galerie, la prit par le bras, et lui fit la déclaration la plus positive et la plus passionnée. « — Sire, si j'instruisais mon mari de tout ceci, il ne croirait jamais que celui qu'il sert avec tant de dévouement voulût troubler le bonheur de son intérieur. Est-ce vous, Sire, qui devez chercher à y mettre un terme? Je me vois forcée de déclarer à Votre Majesté que si ses poursuites ne cessent pas immédiatement, j'instruirai de tout celui qui sera toujours l'unique objet de toutes mes affections. Je le connais assez pour être certaine qu'il donnerait sur-le-champ sa démission de toutes ses places et s'éloignerait avec moi de la cour. — Il ne l'oserait pas, madame. — Votre Majesté est dans l'erreur : il osera tout pour se dérober au chagrin d'être convaincu de l'ingratitude de l'homme qu'il aime le plus. » En achevant ces mots, elle arracha sa main de celles de Napoléon qui la tenait avec force, et se mit à fuir avec rapidité. « Tranquillisez-vous, madame, lui cria avec colère l'empereur; ne courez pas si fort. Vous êtes aussi sotte que belle : je suis guéri. » Il fut quelque temps froid et maussade avec madame de Bassano; mais ensuite il redoubla près d'elle d'égards et de respect, et la citait comme un exemple à imiter.

Cette anecdote m'a été contée par une personne qui prétendait être sûre de son exactitude. Je ne la garantis pas; mais comme elle est honorable pour la mémoire de madame de Bassano, j'ai cru devoir la rapporter. Son invention serait encore un hommage à la vertu.

CHAPITRE V.

Bal masqué aux Tuileries. — Beauté des quadrilles. — Mesdames de Menou, Graville, Villeneuve, Dulauloy.—MM. Perregaux, Desaix. — L'empereur masqué oblige madame *** à quitter la fête. — Il change plusieurs fois de domino. — Économie ridicule. — Retour à la Malmaison. — M. et madame Vaubarghon. — Jalousie toujours croissante entre nous. — MM. de Rohan, de la Vauguyon.

Je ne sais trop à quelle occasion un bal masqué fut donné aux Tuileries; mais je sais qu'il y en eut un auquel furent engagées mille personnes de la société, non présentées. Elles étaient placées aux premières et secondes loges de la salle de spectacle, et ne pouvaient ni circuler, ni être déguisées. Tout ce qui composait la cour de l'empereur était en costume de caractère, ou en dominos, et le parterre, élevé au niveau du théâtre, servait de salle de danse. Des festons de fleurs, des lustres nombreux et magnifiques, les toilettes des femmes, formaient un coup d'œil enchanteur.

A dix heures précises, l'impératrice Marie-Louise arriva, suivie d'une grande partie de son service, et de celui de l'empereur. Elle avait adopté le costume de cauchoise, qui convenait parfaitement à sa grande et forte taille. Sitôt qu'elle fut assise, les quadrilles des princesses furent introduits au son d'une musique guerrière; celui de la reine de Naples représentait tous les différens costumes d'Italie, dans toute leur exactitude; on y avait seulement ajouté quelques broderies, et un grand nombre de pierreries. Il fut totalement écrasé par celui de la reine Hortense, représentant les Péruviens se rendant au temple du soleil; mesdames de Menou, de Graville, de Villeneuve, etc., conduites par Messieurs Perregaux, Desaix, Flahault, etc., et une foule d'autres, suivaient la reine, dont l'élégante tournure et le joli pied ressortaient admirablement sous ce léger vêtement, alourdi seulement par des plumes légères.

La grande prêtresse sous les traits de la belle madame Dulauloy, semblait faite en effet pour commander. Rien de plus majestueux, de plus noble ne pouvait ordonner l'adoration que sa vue suffisait pour inspirer; je vis le moment où toute la salle suivrait l'exemple de ses sujets qui avaient la permission de se jeter à ses pieds. Le mouvement, l'admiration, qu'excita cette incomparable beauté fut général. Lorsque les quadrilles furent finis, les contredanses commencèrent, et les conversations s'établirent entre les gens de la cour, et le modeste public des premières. Il était impossible de distinguer l'empereur, perdu dans une nuée de dominos de toutes couleurs, qui se plaisaient à nous intriguer, nous autres plébéiennes, toutes fières d'être remarquées par eux; cependant, tout en suivant des yeux cette foule jamais interrompue par aucun intervalle, je crus remarquer un domino gris, suivi de deux grandes figures noires, qui me parurent là pour surveiller *le maître*, et surtout ceux qui pourraient le trop approcher. Dès lors, je ne regardai plus que ce groupe, et j'acquis la certitude que je ne m'étais pas trompée.

Le domino gris s'approcha d'une fort jolie dame, couverte de diamans; elle était assise à quelques places de celle que j'occupais. Les bras croisés derrière le dos, Sa Majesté fut plusieurs minutes à la regarder attentivement sans prononcer une seule parole; elle rougissait, tremblait, et finit enfin par dire d'une voix tremblante à cet observateur incommode, qu'elle ne croyait pas le connaître. Toujours même silence de la part de l'inconnu, qui semblait cloué vis-à-vis cette femme si troublée. Tout à coup, elle se lève avec précipitation, et s'écrie avec effroi : « *l'empereur peut seul avoir ce regard! Que je me repens d'être venue!* » Elle sortit avec impétuosité, et l'on murmura autour de nous que cette dame, célèbre par une aventure d'éclat qui avait entraîné un divorce, n'avait point été invitée; qu'avec une audace sans pareille, elle s'était introduite à cette fête avec le billet de l'une de ses amies. Napoléon qui la détestait après l'avoir beaucoup aimée, la força ainsi de quitter une assemblée dont il l'avait repoussée. La conscience de la coupable avait rendu le silence de l'empereur aussi éloquent qu'un ordre émané de lui.

On blâma la hardiesse qu'elle avait eue de venir braver ainsi son souverain et l'opinion publique. L'on sut gré à celui qui pouvait commander de n'avoir mis en usage que l'ascendant irrésistible de la puissance de son regard scrutateur et sévère.

Il disparut après cette singulière aventure, qui s'étant promptement répandue, mit un instant de confusion dans le bal, chacun s'abordant pour s'en entretenir; mais bientôt la danse recommença et dura jusqu'au souper, qui se servit dans des salles où ne pouvaient entrer les personnes non présentées, qui furent contraintes de partir sans avoir pris autre chose que des glaces, qui circulèrent pendant la soirée.

Cette petite économie parut mal entendue; elle fit beaucoup de mécontens, qui pensaient avec quelque raison, que sa majesté ne devait pas inviter chez elle pour faire mourir de faim. Pour comble de disgrâce, il pleuvait à verse. Les voitures des ministres, des dignitaires étaient placées devant les nôtres, qu'il fut difficile de retrouver, et que l'on ne put regagner sans être horriblement mouillé. Cette fête m'a laissé un souvenir peu agréable (1).

A notre retour à la Malmaison, nous y trouvâmes établis M. et madame Vanberghen, dont j'ai oublié, je ne sais pourquoi, de parler lorsque j'ai donné des détails sur la société de Navarre dont ils faisaient partie. Ces deux personnes apportaient peu d'agrémens dans notre cercle intime ; peut-être est-ce la raison de mon omission à leur égard. Je vais la réparer, et ce sera avec joie, puisque j'aurai l'occasion de prouver de nouveau combien l'impératrice aimait à être utile à ses anciens amis.

M. Vanberghen avait assez d'esprit naturel, mais pas la moindre instruction. Je l'avais connu à Genève gai et amusant par l'espèce

---

(1) A un autre bal en costume donné à la cour, on représenta *les heures* dans un quadrille à douze. Madame de Cr..., couverte de crêpe noir, parsemé d'étoiles d'argent, avait été choisie pour *minuit*, ce qui donna lieu à mille mauvaises plaisanteries. Elle n'était point jolie, et fort bourgeonnée. En marchant près d'elle, quelqu'un dit tout haut *minuit passé*. Ce mot fit fortune ; le nom en resta à madame de Cr..., dont le caractère peu aimable ne la faisait point aimer dans la société.

de décousu de sa conversation, qui n'était guère qu'une suite d'anecdotes plus ou moins plaisantes, qu'il racontait d'une manière originale. Il avait, je crois, fait quelques affaires avantageuses pendant la révolution, époque où il connut madame de Beauharnais chez madame Talien, avec laquelle il était lié. Il avait la tournure d'un tambour-major suisse : grand, gras, frais, blond, il eut une réputation de beauté auprès de quelques femmes à la mode ; dès-lors il y fut lui-même. Obligeant et prodigue, il était entouré de flatteurs qui firent, je crois, contribuer à leur fortune, en l'aidant à manger une partie de la sienne, que de mauvaises spéculations achevèrent de déranger. Dans le temps de sa prospérité, il avait rendu quelques petits services à madame de Beauharnais, pauvre, et souvent obligée d'avoir recours à ses amis. Elle le vit en passant à Genève; se rappela immédiatement ce qu'il avait fait pour elle, se l'exagéra peut-être même, pour avoir le plaisir de trouver un motif à ce qu'elle voulait faire pour sa femme et ses enfans. S. M. le nomma capitaine de ses chasses, lui accorda un logement partout où elle serait, pour lui et sa famille, et lui assigna un rendez-vous à Navarre. Il vint y passer quelque temps ; mais plus âgé, occupé de sa fortune, il me parut entièrement différent de ce que je l'avais vu peu de mois avant. Calme, posé, réfléchi, il n'avait plus de naturel, et sa conversation guindée n'offrait pas le moindre attrait. N'ayant pas plus de franchise ni d'abandon que les courtisans de profession, il leur était souvent inférieur, par le peu d'habitude du monde où il se trouvait tout à coup lancé. Ce n'était plus de chevaux, de toilette, d'anecdotes scandaleuses, qu'il fallait s'entretenir : une gaîté un peu vive eût été blâmée ; pour l'éviter, M. Vanberghen tomba dans l'excès contraire : en un mot, l'ambition le rendit ennuyeux, comme tant d'autres.

Sa femme avait de jolis traits, mais si entièrement dépourvus de mouvement et d'expression, qu'on se lassait bien vite de les regarder ; ils promettaient peu d'esprit, et malheureusement ils annonçaient juste.

Après un court séjour à Navarre, ils partirent pour Paris, et n'arrivèrent à la Malmaison que long-temps après nous. Loin d'ajouter au charme de la société intime dont, au reste, on jouissait peu dans ce palais, qui semblait consacré à la représentation, ils y apportèrent plus de froid encore; leur présence déplaisait à beaucoup de gens, qui craignaient de perdre leur faveur, tandis que M. Vanberghen ne savait pas en jouir, n'étant pas satisfait de ce qu'il avait obtenu, persuadé qu'il méritait davantage.

L'impératrice, avec sa sagacité ordinaire, n'avait pas jugé que M. Vanberghen pût remplir convenablement une place qui eût exigé de la tenue et de l'usage de la cour; elle lui avait accordé précisément celle qui lui convenait, qui avait été créée pour lui, afin de ne blesser aucune prétention, et de ne faire aucun passe-droit; il ne fallait, pour l'exercer, que bien monter à cheval et savoir chasser, ce qui se rapportait à ses goûts et à ses connaissances.

Nous fûmes, ma mère et moi, frappées du refroidissement pour nous de toutes les personnes entourant Sa Majesté. Elle seule restait encore la même; mais nous pensâmes aisément que l'on parviendrait, tôt ou tard, à obtenir notre éloignement. Une fois, j'osai en témoigner ma crainte à l'impératrice, qui me rassura par les paroles les plus bienveillantes; et, pour achever de me calmer, elle me dit qu'elle allait ordonner de me faire remettre mille écus, pour réparer le désordre qui sans doute existait dans mes petites finances. « Je » vous donnerai aussi mon portrait, et l'on » ne doutera pas de l'intérêt que je vous porte. » Ce nouveau don vous prouvera combien je » désire vous convaincre que je vous aime sin- » cèrement, et que je veux vous garder près » de moi. » Je crus tout ce qu'elle me disait, comme on croit à dix-huit ans; je le désirais trop pour en douter; je fus tranquille pendant quelque temps (1).

M. de Rohan-Chabot (2) vint faire une visite à la Malmaison; il était chambellan, et avait été

(1) Cette somme ne me fut pas comptée, quoique l'ordre en ait été positivement donné. Je n'eus pas non plus le médaillon que je désirais si ardemment. C'est ce que je regrette le plus vivement, car je n'ai d'elle que des cheveux et un petit plâtre assez ressemblant, que j'ai acheté à une vente.

(2) Aujourd'hui archevêque d'Auch.

long-temps à Naples, d'où il arrivait. L'impératrice lui adressa un grand nombre de questions, auxquelles il répondit avec esprit, mais avec un air timide, surprenant dans un homme de son âge, ayant long-temps vécu à la cour. Sa Majesté le retint à dîner, et fut pleine de grâce pour lui.

M. de la Vauguyon, arrivant aussi de Naples, venait d'être nommé général de brigade, je crois, par la protection spéciale de la reine Caroline; il vint à la Malmaison le même jour que M. de Chabot. L'impératrice le reçut très-froidement, et dit le soir, lorsque les étrangers furent partis, qu'elle ne concevait pas sa fortune rapide. «Il n'a pour lui que sa belle figure ;
» il se fie trop à ce fragile avantage pour deve-
» nir jamais un sujet distingué; il a d'ailleurs,
» poursuivit Sa Majesté, le malheur de se dé-
» plaire dans la bonne compagnie. Dès qu'il
» peut s'échapper et se soustraire aux devoirs
» de sa place, il court se reposer chez des ac-
» trices, de la contrainte qu'il s'impose par am-
» bition. Son ton et ses manières se ressentent
» de ces habitudes. Il ne saura jamais parler
» qu'à des femmes de théâtre; la galanterie lui

» est aussi étrangère que la politesse ; il lui faut
» tout l'abandon, tout le laisser-aller des
» foyers et des cafés ; dès qu'il en sort, il se
» trouve déplacé partout ; c'est dommage.

» Quant à M. de Chabot, c'est différent ; il
» a le sentiment inné de tout ce qui est noble
» et bien ; il réussira à tout ce qu'il voudra en-
» treprendre, parce qu'avec un esprit qui porte
» à tout ce qui est élevé, il a en même temps
» la raison, qui fait réfléchir, et décide toujours
» au parti le plus convenable. »

Rien n'annonçait cependant alors que M. de Chabot dût se consacrer à la carrière ecclésiastique, dans laquelle il s'illustre par de grandes vertus, surtout par une charité qui ne s'est jamais démentie, et dont je citerais une foule de traits, si je ne craignais de lui déplaire en les divulguant. Les pauvres, les malades, qu'il secourt si souvent seront moins discrets, et la vérité sera sans doute connue ; la reconnaissance se chargera de la publier.

CHAPITRE VI.

Cambacérès vient à la Malmaison. — Opinion de Joséphine sur lui. — Lettres qu'elle lui a écrites. — Partie de pêche projetée. — Elle est dérangée par un courrier de l'empereur. — Regrets du vice-roi. — Trouss, Mamelouck. — Beau trait du prince Eugène. — L'impératrice voit avec peine la guerre d'Espagne. — Le prince des Asturies demande une épouse à l'empereur. — Manière de voir de l'impératrice sur le courage moral de Napoléon.

L'ARCHICHANCELIER vint déjeûner à la Malmaison, et l'impératrice employa avec lui toutes les ressources de son esprit gracieux, pour lui témoigner le plaisir qu'elle éprouvait à le voir. Il semblait qu'elle voulût le convaincre qu'elle était tellement satisfaite de son sort, qu'elle ne regrettait rien, et lui pardonnait la part qu'il avait prise à son divorce. Il parut touché de cette bonne réception, et prolongea beaucoup sa visite.

« C'est un homme que j'estime, dit Joséphine lorsqu'il fut parti, parce que c'est un de ceux qui a le moins flatté l'empereur : il m'a souvent donné de très-bons conseils ; ce n'est jamais en vain que je les lui ai demandés ; ils m'ont été très-utiles. »

J'ai pu me procurer la preuve de ce que disait l'impératrice. Voici deux lettres qui lui furent adressées par cette femme, quelquefois légère et superficielle, lorsqu'elle voulait se mettre à la portée de jeunes personnes qui l'entouraient ; mais qui prenait avec facilité le ton d'un homme d'état, quand il s'agissait de la gloire du haut rang où elle était montée.

A M. l'Archichancelier.

« C'est demain, Monsieur, qu'en l'absence
» de l'empereur, je donne audience au sénat,
» et aux différentes autorités. Dans une con-
» joncture aussi délicate, j'ai besoin de deux
» choses: de vous dire quelles sont mes inten-
» tions, et de vous demander quels sont vos

» avis. A qui pourrais-je mieux m'adresser qu'au
» personnage éminent qui a toute la confiance
» de l'empereur, et que la France regarde avec
» raison comme son digne représentant?

» Sur la communication que j'ai eue de di-
» vers discours qui me sont adressés, je vous
» envoie donc les réponses que je crois devoir
» leur faire.

» Je rappelle au sénat que, père de la patrie
» et conservateur de ses constitutions, c'est à
» lui seul qu'il appartient de maintenir la ba-
» lance entre les pouvoirs, sans se permettre
» d'empiéter sur aucun; au corps-législatif,
» que ses fonctions sont de juger et de voter
» les lois, particulièrement celle de l'impôt,
» sans s'immiscer dans la marche du gouver-
» nement, que ses prétentions entraveraient;
» au conseil-d'état, que c'est à lui qu'est ré-
» servé l'important devoir de préparer, par la
» discussion, de bonnes lois organiques et une
» législation durable; aux ministres, qu'ils ne
» forment ni une corporation ni même une
» commission législative, ni l'administration ni
» le gouvernement; mais qu'au titre d'agens
» supérieurs de celui-ci, de premiers commis

» de son chef, ils exécutent et font exécuter
» ses ordres, lesquels ne sont que la consé-
» quence immédiate des déterminations légis-
» latives; au clergé, qu'il est dans l'état, sans
» que l'état soit jamais ni ne puisse jamais le
» transformer en lui; que son domaine unique
» et exclusif sont les consciences, sur lesquelles
» il ne doit agir que pour former des citoyens
» à la patrie, des soldats au territoire, des su-
» jets au souverain, des pères de famille respec-
» tables; aux corps de la magistrature, qu'en
» appliquant les lois sans interprétation, avec
» unité de vues et identité de jurisprudence,
» ils doivent saisir avec sagacité l'esprit de la
» loi, tant qu'il accorde le bonheur des gou-
» vernés, avec le respect dû aux gouvernans;
» aux savans, que le doux empire des arts, des
» sciences et des lettres, tempère ce que celui
» des armes (inévitable à une époque de tran-
» sition et d'épreuve) peut avoir de trop aus-
» tère; aux manufacturiers et commerçans,
» qu'ils ne doivent avoir que deux pensées,
» qui, au reste, n'en font qu'une : la prospé-
» rité de nos productions, la ruine des produc-
» tions anglaises; aux agriculteurs enfin, que

» les trésors de la France sont enfouis dans son
» sol, et que c'est à la charrue et à la bêche à
» les en tirer. Je n'ai rien à dire aux braves
» des deux armées : ce palais est plein de leurs
» exploits; et c'est sous une voûte de drapeaux,
» conquis par leur valeur, arrosés de leur sang,
» que je porte la parole.

» Que je sache maintenant avec franchise si
» je suis digne de l'adresser ainsi à l'auguste
» assemblée qui doit m'entendre. »

Autre lettre à M. l'Archichancelier.

« Permettez que j'use auprès de vous, M. l'Ar-
» chichancelier, d'un droit que je tiens de mes
» devoirs à secourir les infortunés, et du désir
» que je vous ai toujours vu de me seconder
» à cet égard.

» Il s'agit de faire obtenir un emploi, dans
» la maison de l'empereur, à M. Cyrille Des-
» forgues; c'est un homme sans naissance, sans
» fortune et sans appui; il est malheureux!...
» Il faut donc, M. l'Archichancelier, qu'il trouve
» tout en nous.

» Quant à la naissance, nous savons, vous

» et moi, qu'elle n'est souvent utile qu'à dis-
» penser de mérite; et l'empereur serait en-
» core sous-lieutenant, si, pour parvenir aux
» épaulettes de général, il eût fallu seule-
» ment prouver quatre quartiers. Je dirai
» peu de chose de la fortune, quoique, pour
» entrer dans son service domestique, l'empe-
» reur exige qu'on en ait une assurée : le mérite
» réel, les connaissances acquises, les talens
» de M. Desforgues, le recommandent à Votre
» Altesse, qui suppléera bientôt à cette erreur
» de l'aveugle déesse.

» Sur le chemin où je place cet honnête
» homme, il ne manquera pas de trouver des
» rivaux plus favorisés, plus intrigans, plus
» adroits; il ne les craindra pas, et je ne les
» craindrai pas moi-même pour lui, s'il vous a
» pour guide. J'ai la confiance de croire que
» vous voudrez bien le devenir, puisqu'il souf-
» fre, et qu'il est digne de votre protection et
» de la mienne. Je fournis de nouveaux moyens
» à votre bienfaisance; vous ajouterez de nou-
» veaux motifs à ma gratitude. »

Ces deux lettres me paraissent des modèles
de style noble et élevé. Elles contiennent ce

qui devrait être dit par tous les souverains qui veulent sincèrement le bonheur de leurs peuples et la prospérité de leurs royaumes... Oh! qu'allais-je faire? parler politique, moi qui n'y entends rien! suivre cette manie du siècle, qui porte mon sexe à quitter quelquefois l'aimable frivolité qui lui sied, pour essayer la gravité qui lui convient si peu! Je reprends bien vite le récit commencé, d'événemens passés devant mes yeux, de scènes journalières, peu saillantes peut-être, mais qui intéresseront, puisqu'elles concernent des personnages à jamais célèbres. Je suis tout effrayée d'avoir été au moment de succomber à la tentation générale (véritable épidémie de nos jours) de déraisonner sur des matières que peu de gens peuvent discuter avec les lumières nécessaires pour éclairer leurs semblables.

Je vais bientôt arriver aux temps de troubles, de malheurs, de divisions, où chacun plus ou moins était appelé à jouer un rôle ou à avoir une opinion. La mienne, comme celle de toutes les femmes, étant entièrement de sentiment, je parlerai de ces années funestes qui ont amené le repos dont nous jouissons après tant d'orages, non en censeur austère, en politique profond, mais comme une personne qui a souffert des maux de sa patrie. Je raconterai ce que j'ai vu comme je l'ai senti ; j'ai recueilli quelques belles actions qu'il me sera doux de publier, et j'ose croire que la vérité de mes récits ne sera contestée par aucun parti. Revenons à la Malmaison, avant de m'en éloigner pour toujours.

Le vice-roi avait arrangé une partie de pêche qui devait avoir lieu le lendemain. Ainsi qu'à Navarre, des bijoux de fantaisie sans aucune valeur devaient être le prix du *vainqueur ;* et, ainsi qu'à Navarre, les hommes étaient exclus de ce concours d'adresse. Ce mot *vainqueur* n'a pas de féminin, ce qui prouverait assez que notre gloire doit se borner à remplir les doux devoirs que la nature nous a imposés; contentons-nous en; elle est assez belle, puisqu'elle assure le bonheur de ce qui nous entoure.

Nous nous faisions toutes une fête de voir se renouveler un plaisir dont nous n'avions pas joui depuis quelque temps; les bateaux furent pavoisés, et l'on convint de se lever à six heures, afin de pouvoir prendre assez de poisson pour offrir un plat au déjeûner de Sa Majesté, toujours assez bonne pour avoir l'air de s'amuser de tout ce qui plaisait aux autres.

A cinq heures et demie nous étions réunies au salon, en costume de combat, la ligne à la main, animées de l'espoir de triompher; (car où l'amour-propre d'une femme ne se fourre-t-il pas?) Nous attendions avec impatience l'arrivée du général dirigeant l'expédition; nous faisions de beaux projets sur sa réussite, lorsque le vice-roi parut en habit de voyage, tenant un paquet de papiers. « Je suis désolé, » Mesdames, nous dit-il, de vous avoir fait » lever si matin; je comptais m'amuser à faire » la guerre aux poissons de ma mère, au lieu » de cela je pars à l'instant pour Paris, où me » mande l'empereur, et de là, très-probable- » ment pour l'Italie, où m'appellent les intérêts » les plus majeurs. Un ordre reçu il y a quelques » instans me force à prendre immédiatement » congé de l'impératrice. Quel triste sort que » celui qui nous condamne à ne jamais faire ce » qui nous plait. Dans peu d'heures je serai sur » la route de Milan. Je ne jouirai pas du bonheur

» de retrouver la vice-reine et mes enfans, car
» je ne resterai qu'un jour avec eux. Je n'em-
» mène que le duc de Litta et ce fidèle *Trouss*
» qui ne me quitte jamais. Je n'ai pas le temps
» de faire des préparatifs, et du moins cette fois-
» ci j'aurai pour consolation en m'éloignant
» d'ici, de voyager comme un bon bourgeois,
» de *brûler* les harangues, et de pouvoir me li-
» vrer au plaisir de penser à tout ce qui m'est
» cher. La Malmaison ne sera point oubliée. »

Ce *Trouss*, dont le prince parlait toujours avec attendrissement, lui avait sauvé la vie en Égypte ; par un de ces événemens fréquens à l'armée, le bienfait avait pu être acquitté bientôt après par celui qui l'avait reçu. Dans une affaire très-meurtrière, le brave *Trouss*, cherchant tous les coups dirigés contre son maître, fut exposé de la manière la plus imminente. Le vice-roi, dont le sang-froid ne se démentait jamais, s'aperçoit du danger que courait ce serviteur zélé ; et sans consulter le nombre des ennemis, il donne un coup d'éperon à son cheval qui part avec la rapidité du vent, et entraîne le vice-roi au milieu d'une vingtaine d'Autrichiens qui entouraient le pauvre

Trouss, déjà blessé, et près de succomber. Le secours qui lui arrive double ses forces, et après quelques minutes d'efforts inouis, les Autrichiens sont contraints à fuir, les aides-de-camp du prince ayant eu le temps d'accourir pour le défendre ou mourir avec lui. *Trouss*, malgré ses souffrances, se précipite aux genoux de son généreux libérateur qui le presse sur son cœur en lui disant : *Mon ami, nous sommes quittes.*

Ce trait m'a été raconté par un homme qui en fut témoin, et prit part à cette belle action. Sa modestie a exigé que je ne le nommasse pas. Je ne sais s'il existe encore, car depuis il a constamment été fidèle à son prince et n'est pas, je crois, revenu en France. Dans cette incertitude, je tiens la parole que je lui ai donnée de taire un nom qui ne pouvait acquérir plus de gloire, mais qui mérite la vénération de tous ceux qui savent apprécier un noble caractère.

L'impératrice parlait souvent avec chagrin de la guerre d'Espagne. Elle s'affligeait qu'elle eût été entreprise, le résultat pouvant être funeste à la France. Elle n'estimait point

le prince des Asturies, parce qu'il avait écrit à l'empereur des lettres dépourvues de la dignité qui convient au malheur. Elle nous assura qu'il avait demandé à Napoléon une épouse de sa famille, ce qui irrita ce dernier. « Est-il possible que l'on s'abaisse ainsi? s'é-
» cria-t-il à plusieurs reprises? Moi, lui don-
» ner quelqu'un qui m'appartienne! Je lui re-
» fuserais votre femme de chambre, Madame;
» car je suis persuadé qu'elle aurait des senti-
» mens trop élevés pour un tel époux. Aucune
» princesse ne voudra de lui, qu'il reste à
» jouer des proverbes chez Talleyrand à Va-
» lençay, qu'il s'amuse, moi je donnerai à son
» peuple un roi qui saura régner. » (1)

(1) Madame de Talleyrand mit tous ses soins à rendre le séjour de Valençay agréable aux princes d'Espagne. Elle y parvint, puisque, peu occupés de l'affreuse position d'une malheureuse patrie en proie à tous les maux qu'entraînent une révolution et les horreurs d'une guerre civile, le plus grand fléau qui puisse peser sur un peuple, LL. AA. passaient leur vie dans les plaisirs et les fêtes. Cette conduite détruisit l'intérêt qu'inspirait leur malheur. C'était une politique très-fine que de les entraîner ainsi à suivre une marche opposée à celle dictée par leur position. Madame de Talleyrand ne s'en rendit

L'impératrice nous dit que Napoléon était persuadé qu'il devait asservir tous les peuples de la terre. « Il a une telle confiance dans son » étoile, qu'il serait demain abandonné de sa » famille, de ses alliés, errant, proscrit, qu'il » supporterait la vie, convaincu qu'il triom- » pherait de tous les obstacles, et qu'il accom- » plirait sa destinée en réalisant ses projets » sans bornes. Heureusement, ajouta en riant » l'impératrice, nous ne pourrons jamais voir si » j'ai raison ; mais croyez-moi, Napoléon est plus » courageux moralement que physiquement. » Je le connais mieux que personne, il se croit » prédestiné, et supporterait les revers avec

pas coupable ; elle suivit les mouvemens d'un bon cœur, en tâchant d'adoucir de grandes infortunes, et elle outrepassa, je pense, dans cette circonstance, les désirs de ceux qui l'entouraient. Un ordre de Napoléon força la princesse de Talleyrand à s'éloigner de Valençay. Elle emporta les regrets de ses nobles prisonniers, qui, pour lui témoigner leur reconnaissance, la prièrent d'accepter ce qu'ils avaient de plus précieux : leurs livres de prières !

Le roi Ferdinand lui a depuis envoyé d'Espagne l'ordre de la Reine, accompagné d'une lettre très-flatteuse.

» autant de calme, qu'il a mis de témérité à af-
» fronter les dangers des combats. »

On croira peut-être que tout ce que je viens d'écrire est de mon invention; je puis attester l'*exacte vérité* de tout ce paragraphe. Plusieurs personnes présentes aux entretiens intimes de Joséphine existent encore, et peuvent assurer comme moi qu'elle jugea Napoléon comme il devait l'être, et qu'elle avait prévu sa conduite lors d'événemens qui semblaient impossibles, quand, au faîte de la puissance, il commandait aux rois auxquels il avait offert des trônes, et à ceux auxquels il avait daigné les conserver.

CHAPITRE VII.

Affection de l'impératrice pour ses petits-enfans. — Anecdote sur le jeune Napoléon de Hollande. — Quelques détails sur sa mort. — Désespoir de la reine Hortense à cette occasion. — Corvisart. M. Horeau. — M. et madame de Semonville. — Anecdotes sur eux. — Le duc de Richelieu. — M. de Montholon. — Mesdames Joubert. — M. de Sparre.

L'IMPÉRATRICE avait dans le cœur tous les trésors de la tendresse maternelle; et cette affection si douce, poussée à l'extrême, se reportait naturellement sur ses petits-enfans. Il ne se passait guère de semaines, où elle ne fît des emplettes nombreuses de joujoux, à l'emballement desquels elle présidait elle-même. Les caisses étaient expédiées pour l'Italie, non sans que chaque objet eût été examiné avec soin. Se représenter la joie que causerait ces jolies bagatelles, lui en procurait une très-vive. Vingt fois j'ai vu le salon de Malmaison semblable au magasin de la rue du Coq, et les dames, pour plaire à Sa Majesté, paraissant sérieusement occupées de poupées, de ménages, etc.; les hommes de petits canons, de fusils, etc. Quant à moi, j'avoue que je m'amusais beaucoup les jours où il m'était permis de jouer; les marionnettes de bois me paraissaient infiniment plus drôles que celles avec lesquelles j'étais obligée de causer tous les jours.

Sa Majesté nous conta que la reine Hortense se trouvant à Lahaye, reçut pour le jour de l'an, de la part de sa mère, une immense caisse pleine de tout ce que le génie de Grancher et Giroux avait pu inventer de plus charmant en jouets de toute espèce. Elle était destinée au jeune Napoléon, dont la mort prématurée mit le désespoir dans une partie de la famille impériale, et fut peut-être la cause de tous les événemens qui se sont succédés depuis.

Cet enfant, assis près de la fenêtre donnant sur le parc, paraissait recevoir avec indifférence tous les présens qu'on étalait à ses yeux;

il tournait continuellement sa vue du côté de la grande allée qui était en face de lui. La reine, impatientée de ne pas le voir aussi heureux qu'elle s'y attendait, lui demanda s'il n'était pas reconnaissant des soins que prenait sa grand'mère pour lui procurer ce qui pouvait lui être agréable. — Oh! si, maman, mais je ne m'en étonne pas; elle est si bonne pour moi que j'y suis habitué. — Tous ces jolis joujoux ne vous amusent donc pas? — Si, maman, mais... — Eh bien? — Je désire vivement autre chose. — Dites-moi ce que vous voulez, je vous assure que je vous l'accorderai, mon fils. — Oh! maman, vous ne le voudrez pas. — Est-ce de l'argent pour les pauvres? — Papa m'en a donné ce matin; il est déjà distribué, c'est... — Achevez, vous savez combien je vous aime, ainsi vous devez être sûr que je veux commencer l'année d'une manière qui vous plaise; voyons, cher enfant, que voulez-vous donc? — Maman, c'est que vous me permettiez d'aller marcher dans cette *belle boue* qui est dans cette allée : cela m'amusera plus que tout.

La reine, comme on peut le croire, ne céda pas à cette singulière fantaisie, ce qui causa un violent chagrin au jeune prince, qui répéta toute la journée, que le jour de l'an était bien triste; qu'il s'ennuyait, et que tant qu'il ne ferait pas comme les petits garçons qui couraient en liberté par la pluie, il ne serait pas content. Heureusement la gelée vint sécher cette *belle oue* et les larmes du prince.

Ce même enfant annonçait un caractère décidé, un goût prononcé pour l'état militaire; doué d'une grande intelligence, il avait une facilité prodigieuse pour tout ce qui demandait de la réflexion; on ne doit donc pas s'étonner de la vive affection que lui portait Napoléon, qui se plaisait à l'idée de le voir digne un jour de lui succéder.

Il fut attaqué par un mal aussi subit que violent; M. Latour, premier médecin du roi Louis, lui prodigua les soins les plus assidus; ils furent inutiles, en peu d'heures le prince fut enlevé à l'amour de sa mère, qui ne le quitta pas une minute; il fallut l'arracher de cette chambre de deuil, quand son malheur fut consommé; voulant y rester, elle avait passé ses bras dans ceux du fauteuil sur lequel elle était placée, avec une telle force, qu'on ne put l'en détacher, et qu'elle fut ainsi transportée dans son appartement; une insensibilité complète, ses yeux secs et fixes, sa respiration pénible donnaient les plus grandes inquiétudes sur les suites d'une douleur sans consolation; on lui parlait de la perte qu'elle avait faite, des souffrances du jeune prince, espérant provoquer les pleurs qui pouvaient la sauver. Tout était vain; son état restait le même, et l'on craignait de la voir suivre de près cet enfant adoré! Ne sachant plus quel moyen mettre en usage pour obtenir cette crise si désirée, un chambellan (dont j'ai oublié le nom) fut prendre le corps du prince et le posa sur les genoux de sa malheureuse mère, qui rendue au sentiment de sa trop juste douleur par cette vue cruelle, fit un cri déchirant, ses bras raidis par une contraction nerveuse s'assouplirent pour serrer ces restes chéris, et un déluge de larmes brûlantes tombèrent sur les joues déjà froides et flétries du jeune Napoléon, quelques heures avant encore brillantes de jeunesse et de fraîcheur.

La reine fut hors de danger dès que la nature eut ouvert la source des pleurs qui devaient couler si long-temps ; mais épuisée par des émotions si vives et si rapprochées, elle s'évanouit ; on profita de ce moment pour lui enlever ce qui restait de son enfant, ravi pour toujours à sa tendresse.

On avait écrit à Corvisart sitôt que le jeune prince était tombé malade : la réponse de ce célèbre médecin arrivait trop tard ! les remèdes indiqués eussent dû être employés sur-le-champ ; le *croup*, maladie alors inconnue, ne laisse que peu d'instans pour s'en rendre maître ; s'ils sont perdus, tout espoir l'est aussi.

Corvisart est le premier qui ait fait des recherches sur ce mal, qui atteint l'enfance avec une rapidité effrayante ; et ce titre à la reconnaissance des familles suffirait pour la gloire due à sa mémoire, s'il n'en avait pas accumulé une foule d'autres qui rendent son nom immortel.

Aussi bon qu'instruit, il ne refusa jamais ses conseils aux infortunés qui venaient lui demander de les guérir, et souvent c'est lui qui payait les consultations qu'il donnait ; les pauvres le bénissaient, et ses nombreux amis peuvent attester qu'il joignait aux connaissances utiles à son art, les vertus qui l'ennoblissent, et les qualités qui font le charme de la société.

Il fut apprécié par Napoléon, qui lui témoignait une amitié sincère, il obtint une foule de grâces pour ceux qui s'adressaient à lui, souvent sans le connaître, enfin il fut regretté généralement.

M. Horeau était l'élève chéri de Corvisart qui semble lui avoir légué son talent, dont j'ai déjà parlé, et sur lequel j'aurai encore l'occasion de revenir.

Madame et M. de Semonville venaient souvent à la Malmaison. La réputation d'esprit de l'une, les places brillantes occupées par l'autre, me les firent observer avec soin, et je fus persuadée de la vérité de tout ce que l'on disait du *savoir faire* de tous deux. Ils avaient été en faveur dans tous les temps; et depuis cette époque, ils ont plus que jamais prouvé combien il est aisé d'obtenir sous tous les gouvernemens, lorsque comme eux on a beaucoup d'esprit, de la fortune, et surtout une souplesse qui fait changer d'opinions, aussitôt que les événemens le commandent à la prudence.

Madame de Semonville, petite brune, ne me parut pas devoir avoir été jamais précisément jolie, mais de la grâce dans la tournure, de beaux yeux, un peu durs et hardis, une physionomie aussi mobile que ses pensées, devaient la rendre fort piquante. Elle parlait haut et bien, se servant toujours avec un rare bonheur de l'expression juste, et ayant ainsi le temps de dire beaucoup en peu d'instans. Voici une petite anecdote qui me donna l'idée de sa manière de réussir dans ce qu'elle désire.

J'avais, comme je l'ai dit, un très-beau *charivari* que je devais en grande partie aux bontés du vice-roi et de sa mère; n'ayant pas de chaîne assez forte, je le cachais ordinairement dans ma robe, de peur d'en perdre quelques breloques. Madame de Semonville me demanda de l'examiner; après l'avoir admiré, s'être extasiée sur le bon goût ordinaire de Sa Majesté, elle m'observa qu'il était fâcheux de dérober aux yeux de si charmans bijoux. — « J'y suis forcée, Madame, car ma chaîne est trop faible. — Eh bien, il faut en avoir une autre. — Je le voudrais, mais je ne suis pas riche et.. — Il faut vous la faire donner. — Je n'ai jamais rien su demander, Madame. — Oh oui, je comprends cela, une jeune personne est timide; au reste, il n'est pas nécessaire de demander pour obtenir; on met sur la voie, et voilà tout. Par exemple, le vice-roi qui fait sans cesse des présens, n'hésiterait pas à vous offrir celui-ci, s'il pensait qu'il vous fût non-seulement agréable, mais utile; il faut lui en donner l'idée. A votre place, Mademoiselle, je porterais ce charivari à un large ruban noir; le prince vous demanderait pourquoi, vous le lui diriez naturellement, et le lendemain vous auriez votre chaîne, soyez en sûre. Ce n'est pas en se tenant à l'écart et avec une discrétion dont les autres se moquent et profitent à vos dépens, que l'on réussit dans le monde, et à la cour surtout. » Je n'employai pas le moyen indiqué par madame de Semonville, et je n'eus pas ma chaîne.

Cette conversation est la seule que j'aie eue avec madame de Semonville. Roulant sur un objet peu important, elle me parut cependant si bien peindre le caractère de la personne qui me conseillait, que je ne l'ai point oubliée.

M. de Semonville, petit, gros, gai, cherchait à cacher, sous une apparence de bonhomie, une extrême finesse et ce génie d'intrigue pour lequel je crois qu'il ne connaît pas de rival. Son regard perçant forçait les femmes à baisser le leur, et devait découvrir avec rapidité ce qui se passait dans le cœur des hommes en place, dont il était toujours le plus intime ami. Les personnes qui approchent M. de Semonville prétendent qu'il a une certaine *candeur de fourberie* très-singulière. Il ne se cache pas de courir au secours du vainqueur; avoue, avec simplicité, qu'il aime la faveur, et ne craint pas de donner sa recette, qu'il emploie pour être toujours sur ses pieds, persuadé que peu de gens auraient l'esprit et le talent de l'employer.

On m'a raconté que M. le duc de Richelieu fut un instant à croire que le roi Louis XVIII accepterait la démission qu'il avait envoyée la veille. A sept heures du matin, il voit entrer chez lui M. de Semonville, qui se précipite dans ses bras avec émotion : « Je suis donc con-
» servé, M. le marquis? Puisque je vous vois,
» j'ose espérer que Sa Majesté a bien voulu céder

» à ce que je demandais, pour qu'il me fût pos-
» sible de garder avec honneur le porte-feuille.
» Votre présence m'assure que je pourrai en-
» core servir mon souverain et la France, con-
» fondus dans mon cœur.—Oui, M. le duc; le
» roi s'en est expliqué hier soir très-franche-
» ment.—J'en étais certain, dit en riant M. de
» Richelieu; votre vue est toujours d'un bon
» présage. »

Je ne sais si cette anecdote est vraie; mais je la crois, parce qu'elle vient à l'appui de tout ce que j'ai entendu dire de M. le marquis de Semonville. Les qualités de courtisan qu'il porte à un si haut degré ne l'empêchent pas d'en avoir d'autres dont tout homme s'honorerait. Excellent époux, il a adopté les enfans de sa femme (qui avait été madame de Montholon), les a élevés avec le plus grand soin, les a mariés, et se conduit avec eux en véritable père.

L'un doit succéder à sa pairie; l'autre, comme personne ne l'ignore, a suivi l'empereur à Sainte-Hélène. On ne sait trop comment expliquer ce dévouement, d'autant plus extraordinaire, que Napoléon, furieux de ce que M. de Montholon eût épousé une femme divorcée deux fois, avait défendu qu'elle fût présentée; il reçut si mal M. de Montholon, que celui-ci quitta la France, pour aller, je crois, en Westphalie. Les malheurs de son souverain le ramenèrent près de lui. Dès que l'exil fut le partage du vainqueur de tant de peuples, M. de Montholon ne vit plus que la gloire de le partager; il partit, et devint l'ami de celui dont il avait eu à se plaindre.

Madame de Semonville eut aussi deux filles : l'une, seconde femme du maréchal Macdonald; elle avait épousé, en premières noces, le général Joubert. Je me rappelle de l'avoir vue; son charmant visage ne pouvait s'oublier, et répondait à la perfection de son caractère. L'autre fut madame la comtesse de Sparre (1). Elles sont toutes deux mortes fort jeunes.

(1) M. le comte de Sparre, pair de France, lieutenant-général, gentilhomme de la chambre du roi, décoré de plusieurs grands cordons, s'est remarié depuis à mademoiselle Naldi, dont nous avons applaudi le talent et la figure au théâtre italien. Elle n'est point présentée.

CHAPITRE VIII.

L'impératrice nous raconte à quel point l'empereur a pris promptement les habitudes du rang suprême. — L'abbé de S... L'abbé d'Espagnac. — Madame la duchesse douairière de Duras. — Livre des étiquettes imprimé d'après les traditions recueillies. — La reine d'Espagne (Joseph Bonaparte); ses vertus. — Morfontaine. — Comme il était alors. — Ce qu'il est aujourd'hui. — Ermenonville. — Tristes réflexions sur ce séjour. — Le colonel Clari.

L'IMPÉRATRICE parlait souvent de l'empereur, de la flexibilité de ce génie qui embrassait tout avec une égale supériorité; qui s'était montré avec le même éclat dans les camps, dans des positions qui semblaient désespérées, et qui se déployait avec plus de vigueur à mesure que ses devoirs augmentaient.

« Bien certainement, nous disait-elle, l'em-
» pereur est un homme unique. Dans les
» camps, au conseil, ils le trouvent extraor-

» dinaire; mais c'est dans son intérieur qu'il
» me paraît encore plus remarquable. J'avoue
» que, malgré mon habitude du monde et
» la connaissance de ses usages, les premiers
» jours de l'étiquette impériale n'ont pas laissé
» que d'être embarrassans pour moi; l'em-
» pereur, au contraire, s'en est fait un jeu,
» un plaisir; et, de tout le palais, c'est lui,
» sans contredit, qui l'entendait le mieux.
» Lannes, qui avait son franc parler, se mo-
» quait beaucoup de ce qu'il appelait les hy-
» pocrisies du culte politique; mais, en ne
» les estimant que ce qu'elles valent, l'empe-
» reur les considère sous des rapports plus
» élevés, et croit, qu'aux yeux des peuples,
» elles suffisent pour rendre au pouvoir la
» majesté et l'ascendant que tant d'années
» d'anarchie leur ont fait perdre. Il convient,
» à la vérité, que leur principale influence
» vient des qualités personnelles de ceux qui
» en sont revêtus; mais il soutient que, sans
» valoir ces qualités ni les remplacer, le cé-
» rémonial les peut suppléer avec avantage:
» et, en soutenant un tel système, l'empe-
» reur se montre bien désintéressé; car qui

» moins que lui a besoin de prestiges pour
» imposer aux hommes, qu'il semble né pour
» gouverner? A l'appui de son sentiment, il
» citait une foule de princes qui ont régné,
» pour ainsi dire, plus assis ou couchés que
» debout; mais dont le lit, gardé par les bar-
» rières de l'étiquette, fut respecté comme
» un sanctuaire. Quoi qu'il en soit de ces
» vues que je n'approuvais pas totalement,
» mais auxquelles je me soumettais, nous
» avions un homme qui, sans les examiner
» à beaucoup près d'aussi haut, les exécutait
» avec une ponctualité et une précision re-
» marquables. Il se nommait l'abbé de S....,
» et semblait façonné tout exprès pour les
» cérémonies. Toute sa personne empesée était,
» comme l'on dit, tirée à quatre épingles : il mar-
» chait à pas comptés, se mouchait en trois
» temps, et parlait toujours par sentences.
» Au moment de la chapelle, il dominait, il
» régnait, il triomphait. Il fallait le voir, le
» livre de bois à la main (1), faire obéir et

(1) Forme d'une sorte de claquette, avec laquelle un chef de cérémonies en commande les exercices.

» mouvoir la foule attentive. Vous eussiez dit
» d'abord un chaos où tous les élémens étaient
» mêlés; mais au signal, tantôt lent, tantôt
» précipité, du maître des cérémonies, tous
» ces élémens se divisaient, s'assortissaient,
» s'arrangeaient, et l'ordre naissait du dé-
» sordre même. L'auteur de ces belles manœu-
» vres s'applaudissait également du génie
» qui les inspire, et de la docilité obtenue,
» qu'il ne manquait pas d'attribuer à la per-
» fection du commandement. L'empereur
» mettait le comble à son orgueil, et le ré-
» compensait des peines incroyables qu'il se
» donnait, en l'assurant qu'il avait remarqué
» ses évolutions, dont plusieurs pourraient
» lui être utiles dans l'occasion (1). Dans ses
» momens de bonne humeur, Napoléon se

(1) J'ai connu dans mon enfance, à Bruxelles, un homme qui eût très-bien fait le pendant de celui dont parlait Joséphine : il s'appelait l'abbé d'Espagnac. Méthodique en tout, il s'était roulé les cheveux en montant dans sa chaise de poste pour émigrer, et il jurait qu'il ne déferait ses longues épingles noires qu'à la contre-révolution. L'attendant toujours, je l'ai vu plusieurs années avec cette singulière coiffure.

» plaisait à flatter l'amour-propre de ses ser-
» viteurs. Il prétendait que, tel exagéré ou
» ridicule qu'il fût, c'était toujours le meil-
» leur moyen de leur faire bien remplir leurs
» devoirs, et de se les attacher. »

L'impératrice riait souvent au souvenir des bévues de plusieurs dames, peu habituées aux usages de la cour. Napoléon voulant que la sienne eût toute la dignité et la politesse qui s'étaient perdues sous les règnes de Louis XV et de Louis XVI, s'informa s'il n'existait pas encore quelqu'un qui pût lui donner des traditions exactes des anciens usages; madame de Montesson en avait déjà indiqué plusieurs; madame la duchesse douairière de Duras, dont l'esprit, le ton et les manières avaient toujours été cités comme des modèles à suivre, fut consultée à plusieurs reprises par quelques personnes de la nouvelle cour, dont elle vivait éloignée. Ce qu'elle disait était recueilli avec soin, et fut, avec quelques autres recherches, imprimé dans un volume intitulé, je crois, *des Etiquettes de la cour de Napoléon*. Je ne suis pas sûre du titre de cet ouvrage, mais je l'ai parcouru, et les plus minutieuses cérémonies y étaient portées. On l'apprit sans doute par cœur, car au bout de peu de mois, toutes ces puérilités des convenances, toutes ces importances niaises, attachées aux différentes charges de la couronne, furent exactement et régulièrement suivies. J'ai vu par moi-même combien il était alors essentiel de n'en ignorer aucune, puisque des femmes distinguées par leur esprit, leurs talens, se donnaient l'ennui de consacrer tous les jours quelques heures à cette monotone et fastidieuse lecture. Plusieurs de celles présentées avaient une grande gaucherie et fort mauvaise grâce, sans doute, avec leur gênant habit à grande queue; mais du moins elles avaient la consolation d'avoir fait le nombre de pas exigé, d'avoir remué les bras et la tête avec autant de précision qu'un conscrit; ce qui ne laisse pas que d'être agréable.

La reine Joseph a été jugée par tous ses contemporains ce qu'elle était en effet : un ange de bonté et de vertu. Il n'est pas un devoir qu'elle n'ait rempli, non-seulement avec exactitude, mais avec empressement. Aimant avec passion un époux qui lui causait de grands chagrins par des infidélités nombreuses, quelquefois peu dignes de lui, elle ne se permit, dit-on, jamais une plainte, et ne se vengea que par des soins assidus et un dévouement sans bornes; mère parfaite, elle présidait elle-même à l'éducation de ses filles, qui ne pouvaient assurément avoir un meilleur guide, car elle joignait à l'âme la plus élevée des connaissances variées et étendues. Pour n'être pas distraite de la douce tâche qu'elle s'était imposée, elle habitait Morfontaine une grande partie de l'année, entourée de quelques amis choisis, et des pauvres, au milieu desquels elle conduisait souvent les infantes, afin qu'elles eussent l'habitude de les aimer et de les soulager. Plus on se livre aux charmes de la bienfaisance, plus on l'éprouve; quel bonheur en effet peut être comparé à celui de sauver du désespoir une mère qui voit sa malheureuse famille manquer du plus triste nécessaire! d'arracher un respectable vieillard, flétri par des peines de tous genres, aux horreurs des infirmités de son âge, qui s'augmentent par des privations continuelles? d'enlever à la séduction, à laquelle pousse presque toujours une affreuse misère, la jeune fille gémissant de se rendre indigne de guider de jeunes sœurs dont elle devait être l'exemple? Pour se priver de jouissances si vives, il faut les avoir toujours ignorées. Ne blâmons donc pas avec amertume les gens riches assez malheureux pour placer leur félicité uniquement dans toutes les futilités d'un luxe exagéré; n'ayant jamais rien désiré, ils ne pensent pas au plaisir ineffable de donner à qui n'a rien. Plaignons-les, et faisons des vœux pour *qu'une fois* ils soient à même de venir au secours de leurs semblables; ils seront dès-lors plus heureux, et quelques infortunés seront consolés.

La santé de la reine servait de prétexte au genre de vie qu'elle avait adopté, et qui aux yeux de ses belles-sœurs était un vrai ridicule. Quel séjour que celui de la cour, puisque l'on a besoin d'excuse pour se livrer aux plus nobles mouvemens du cœur! Lorsqu'elle était forcée d'habiter Paris, le Luxembourg était le rendez-vous de quelques femmes aimables, d'artistes et d'hommes de lettres recommandables. L'étiquette en était bannie, mais le respect qu'inspirait le caractère de Sa Majesté remplaçait tout naturellement celui que l'on devait à son rang. Près d'elle on oubliait qu'il fallût vénérer autre chose que la perfection.

J'ai vu Morfontaine lorsque la reine y était ; rien ne m'a paru si beau que ce séjour ; à cette époque le revenu entier de la terre, s'élevant, m'a-t-on dit, à deux cent mille francs, restait en entier dans le pays. On employait un nombre immense de bras à l'entretien du vaste parc, et à celui d'eaux superbes, sur lesquels il était impossible de trouver une mauvaise herbe. Les allées étaient ratissées tous les jours, enfin on eût pu croire, aux soins qui régnaient dans ce beau lieu, que l'on y attendait les maîtres, après une longue absence.

Les étrangers avaient la permission de se promener partout; des guides polis se chargeaient de les conduire dans tous les endroits les plus remarquables; souvent la reine leur envoyait des fruits; enfin on ne sortait de cette magnifique habitation que pénétré de tout ce que l'on y apprenait de Sa Majesté, et ravi de l'aisance qui se voyait dans tout le village, dont les maisons semblaient habitées par des bourgeois aisés bien plutôt que par de simples paysans.

Ayant conservé de Morfontaine un agréable souvenir, j'ai voulu y retourner cette année. J'avoue que j'ai vivement regretté de l'avoir vu précédemment, car je n'ai pu admirer ce qui n'est plus qu'un beau reste d'une résidence, qui autrefois n'avait point d'égale en France.

Tout ce qui se présente en entrant dans le grand parc, est encore assez soigné; mais sitôt que l'on s'éloigne un peu, on est affligé de ne trouver que des eaux sales et couvertes de mousse; des allées dont l'herbe s'est emparée; des arbres, dont les branches risquent d'aveugler les passans, s'ils ont le malheur d'avoir une distraction, et des fabriques en ruines.

Les guides, à la livrée de monseigneur le prince de Condé, sont en général fort grossiers et ne daignent pas se déranger pour des étrangers ordinaires. Ils délèguent leurs fonctions à un petit garçon déguenillé, parlant fort mal, mais ils daignent reparaître au moment où l'on descend de bateau, afin de demander le prix de la course que l'on vient de faire au grand lac. Ils vous taxent à trois francs *pour l'entretien du bateau.* Cette espèce d'imposition est sûrement ignorée du prince auquel je crois qu'il suffit de la signaler pour la faire cesser; il serait incroyable qu'il permît à ses gens de lever une rétribution pour une dépense aussi faible, qui, comme de raison, doit être supportée par le propriétaire de ces embarcations. Je crois encore devoir éveiller l'attention de Son Altesse Royale sur l'inconvénient de laisser croupir des eaux dans un pays qui deviendrait alors extrêmement malsain. La partie appelée l'*Archipel*, qui autrefois était une des plus agréables, n'est maintenant qu'un cloaque dont les roseaux élevés cachent en partie les îles jadis plantées de fleurs et d'arbres odoriférens, et qui à présent servent de refuge à une innombrable quantité de grenouilles. La bienfaisance du prince le portera sans doute à empêcher que cette charmante portion de son domaine ne devienne un marais infect et malfaiteur.

Ce que je viens de dire peut s'appliquer à Ermenonville. Ce lieu n'est plus tenu comme il l'était du temps de M. de Girardin; sauf le Désert dont le plus grand mérite est précisément dans l'aridité, le pittoresque et le sauvage de sa position, tout est négligé d'une manière affligeante. Notre pauvre France a vu détruire tant de monumens célèbres dans des séjours admirables, que les amateurs devaient se réjouir de voir leurs terres devenues historiques, passer en des mains conservatrices. Leur espoir serait-il trompé?

Je sais parfaitement qu'un prince ne peut lui-même diriger les travaux de ses nombreuses propriétés; mais les personnes qui possèdent sa confiance et qui sont payées pour le remplacer, ne sont-elles pas bien coupables de faire blâmer leur maître par une foule de voyageurs attirés par l'ancienne réputation des lieux qu'ils viennent visiter, et où ils ne trouvent plus que l'image de la destruction! Si cette négligence continue, dans quelques années il faudra encore renoncer à quelques souvenirs, puisqu'on ne les retrouverait plus où on irait les chercher. La maison où mourut Rousseau sera détruite et son tombeau caché par les plantes parasites, qui déjà sont en grand nombre dans l'île des Peupliers!

M. le colonel Clari, neveu de la reine Joseph, ami intime de M. Henri de Tascher (1),

---

(1) Mademoiselle Clari, qui avait épousé M. de Tas-

venait presque toujours avec lui à la Malmaison. Une figure assez régulière, mais dépourvue de toute expression ; une assurance qui n'était justifiée ni par son instruction ni par son esprit, lui donnait une réputation d'homme à bonnes fortunes, dont il était lui-même, je crois, étonné. Je l'ai peu connu, et ne sais de son caractère que ce qu'en disait l'impératrice, qui désapprouvait fort qu'il restât à Paris, lorsque son régiment était en Espagne, se battant pour les intérêts du roi Joseph son oncle. Elle pensait avec raison qu'il devait se trouver à la tête de ce corps, au lieu de se promener sur le boulevard de Gand, et de courir les spectacles. Tout ce qui tient à la famille de Napoléon étant devenu historique, je crois devoir parler de toutes les personnes y ayant rapport. Voilà pourquoi M. Clari se trouve avoir place ici. Je ne parle de lui que pour mémoire.

cher, était sœur du colonel dont je parle. Il a été nommé maréchal-de-camp par le roi Louis XVIII.

CHAPITRE IX.

Le vice-roi ne va pas en Italie. — Lettre de l'impératrice à son fils. — Opinion de Sa Majesté sur le sénat. — Soumission de ce corps au moindre désir de Napoléon. — Tour que lui joue l'empereur. — Colliers donnés par Sa Majesté. — Madame Daru. — Nous quittons la Malmaison. — Faux regrets. — Madame de Rémusat. — Calomnie employée contre nous.

L'IMPÉRATRICE se séparait toujours de ses enfans avec un chagrin qu'elle tâchait de surmonter, mais dont elle ne se rendait pas maîtresse au point que nous ne nous apercussions des larmes dont les traces la trahissaient. Elle fut donc fort heureuse d'apprendre que le vice-roi avait reçu contre-ordre de l'empereur, et qu'il n'allait pas en Italie, du moins de quelques mois. « Le sort m'a » été si favorable, disait Joséphine, que je

» crains continuellement quelque grand re-
» vers; et le chagrin de perdre mes enfans
» étant le plus affreux de tous, c'est préci-
» sément celui-là que je m'imagine devoir
» éprouver. Tant qu'ils sont près de moi, il
» me semble que je veille tant sur eux, qu'il
» ne peut rien leur arriver de fâcheux; qu'ils
» s'éloignent, toutes mes terreurs reviennent. »

Ses enfans étaient tous deux aux petits soins pour elle. Le vice-roi particulièrement lui témoignait une tendresse respectueuse qui était un véritable culte. Lorsqu'il en était séparé, il lui écrivait souvent; et dans ses réponses elle lui donnait tous les conseils d'une raison parfaite, qu'un attachement passionné lui faisait deviner devoir lui être utiles. Voici une de ses lettres, modèle de grâce et de sentiment.

Au Prince Eugène.

« En voyant s'agrandir vos destinées, vous
» n'aurez nul besoin, mon fils, d'élever votre
» âme avec elles. A quelque hauteur qu'elles
» atteignent, les sentimens que je vous con-

» nais sont encore plus hauts. Tel est l'avan-
» tage d'un homme qui met sa conscience par-
» tout. En cela vous êtes le digne fils de celui
» dont vous me retracez, avec les traits, les
» principes et la conduite. Dans le gouffre de
» l'infortune il ne montra tant de courage que
» parce que, dans une meilleure fortune, il
» avait montré toute sa probité. C'est qu'il
» suffit des souvenirs d'une vertu sans tache
» pour fortifier les derniers momens, comme
» ils ont suffi pour illustrer toute la vie. Voilà
» la vôtre, mon fils, livrée aux prestiges de
» la grandeur; mais, ne vous séduisant pas,
» ils ne pourront vous corrompre. Au milieu
» des honneurs et de l'opulence, vous vous
» rappellerez Fontainebleau, où vous fûtes
» pauvre, orphelin et délaissé; mais vous ne
» vous le rappellerez que pour tendre aux mal-
» heureux une main secourable. J'apprends
» avec une vive satisfaction que votre jeune
» épouse partage tous vos sentimens : c'est la
» preuve qu'elle partage aussi toutes vos af-
» fections; et comme je suis intéressée à ce
» qu'elle les éprouve au même degré que vous,
» c'est en mère que je m'en réjouis. C'est aussi

» de même que je vous embrasse l'un et l'autre. »

L'impératrice assurait que le sénat, toujours prêt à imposer tout ce que désirait l'empereur, était cause de beaucoup de choses fâcheuses, qui n'eussent jamais été proposées par Sa Majesté sans la certitude qu'il avait de ne rencontrer aucune difficulté à faire passer les lois les plus absolues. « Si les sénateurs eussent rempli
» leurs devoirs, disait-elle, Napoléon eût été
» moins ambitieux de cette gloire dont il n'a-
» vait jamais assez. Son peuple l'eût occupé
» davantage, il en eût été aimé, comme il l'est
» de ses soldats. La basse flatterie du premier
» corps de l'état lui a persuadé, ou du moins
» l'a autorisé à croire, que tous ses projets
» étaient justes, appropriés aux besoins de la
» France, et rien ne pourra désormais arrêter
» cet esprit entreprenant qui ne lui fait con-
» naître aucun obstacle, lorsqu'il s'agit d'agran-
» dir son empire. Malgré cette soumission à
» ses moindres désirs, il n'estime ni n'aime les
» sénateurs ; et je l'ai vu s'amuser beaucoup
» de ce qu'il appelait *une niche* faite à ces mes-
» sieurs ; la voici, Mesdames.

» Il fut instruit en 1807 que les sénateurs

» possédaient une somme de 1,550,000 francs.
» Le sénat étant venu en corps pour lui présen-
» ter ses hommages, il appela les questeurs, et
» leur demanda combien ils avaient en caisse?
» — Sire, nous avons bien certainement des
» fonds; mais il nous serait impossible de dé-
» clarer au juste combien nous possédons. —
» Ah bah! quelle plaisanterie, Messieurs, vous
» avez trop d'ordre pour ignorer une chose
» de cette importance. Allons, dites-moi la
» vérité, ou à peu près. — Nous le répétons
» à Votre Majesté, cela nous est impossible. —
» Eh bien, je suis plus avancé que vous, et
» vais vous instruire de ce que vous ignorez,
» Messieurs. Je sais positivement que vous avez
» à votre disposition 1,550,000 francs, et je ne
» doute pas que vous ne fassiez de cet argent
» l'emploi le plus convenable. — Sire, nous le
» destinions en effet à ce qui peut être le plus
» agréable au corps si dévoué à Sa Majesté; nous
» nous proposons de faire élever un monu-
» ment à sa gloire. — Je suis touché de ces
» sentimens dont je ne doute pas, dit en sou-
» riant l'empereur; mais ce monument est inu-
» tile. Mes armées sont là pour prouver ma

» gloire, la défendre, la soutenir, et l'aug-
» menter encore ; mais je veux vous témoigner
» combien je suis satisfait d'un dévouement
» qui ne me surprend cependant pas. Je vais
» vous indiquer le moyen d'utiliser la somme
» que vous possédez. Les habitans du faubourg
» Saint-Germain demandent le rétablissement
» de la salle de l'Odéon ; vous seriez très-agréa-
» ble à l'impératrice, et conséquemment à
» moi, si vous donniez son nom à ce théâtre,
» en le rétablissant. Je vois que cette idée vous
» plaît, et je vais sur-le-champ en faire part à
» Sa Majesté qui en sera fort flattée. »

« La députation se retira, et vint le lende-
» main chez moi pour obtenir mon agrément,
» que j'accordai, je vous assure, de très-bonne
» grâce, Mesdames; je les priai de hâter les tra-
» vaux, ce qu'ils firent en effet; ils me don-
» nèrent le bonheur de rendre service à une
» partie estimable de la population de Paris,
» en procurant un délassement utile aux graves
» études des élèves du pays latin. »

L'impératrice entra un matin dans le salon
tenant une grande quantité de beaux colliers,
passés dans son bras. «Figurez-vous, Mesdames,

» que je ne sais pas au juste ce que contient ma
» garde-robe d'atours; ce matin voulant, pour
» obéir à madame d'Arberg, faire une espèce
» de revue de ce que renferment toutes ces
» armoires, je suis montée avec elle; en tirant
» un tiroir, j'ai trouvé tous ces colliers, que je
» vais vous prier d'accepter. Le pape m'avait
» envoyé une foule de chapelets qu'il devait
» bénir en arrivant, ceux-ci ayant été oubliés
» j'ai eu l'idée de les faire monter; depuis lors
» ils ont été dans le même endroit, veuillez les
» tirer de leur obscurité en les portant. »

Nous en reçûmes toutes de plus ou moins précieux. Ils étaient en gros grains de pierres rares; de lapis, cornaline, sardoine et jaspe sanguin. Le mien était de cette dernière nature, pareil à celui que reçut madame Daru, l'une des femmes les plus vertueuses de ce temps. J'ai toujours ce bijou, et le léguerai à ma fille, comme un des objets auquel je tiens le plus.

L'impératrice, quelques jours après le don de ce collier, annonça à ma mère avec un embarras visible, et des regrets que je crois sincères, qu'elle était obligée de disposer de notre chambre, pour deux de ses dames du palais, qui désiraient passer quelque temps avec elle; qu'elle était désolée que la Malmaison fût si peu vaste; mais que comme elle ne pouvait se priver d'une société qui lui était agréable, elle nous enverrait prendre trois fois par semaine, afin que nous nous vissions souvent; que jamais l'intérêt qu'elle prenait à moi ne cesserait, et qu'elle me le prouverait mieux que par des paroles.

Ma mère vint me rendre compte de cette conversation qui ne me surprit pas, mais m'affligea au dernier point. J'étais désespérée non assurément de quitter cette cour où je me déplaisais d'autant plus, que la bienveillance générale que l'on m'avait d'abord témoignée était sensiblement diminuée; mais ne plus voir l'impératrice me causait un chagrin réel. Je ne doutais pas de la bonté de son cœur, ni de la franchise de ses promesses; je la connaissais assez pour savoir qu'elle avait cédé à de fréquentes prières de nous éloigner, et j'étais sûre que la jalousie qui nous poursuivait mettrait tout en usage pour nous faire oublier de Sa Majesté, dont le seul défaut était peut-être de se laisser dominer par son entourage. Lorsque nous arrivâmes à Navarre, la curiosité, le désir d'une distraction nous fit accueillir. On espérait s'amuser à nos dépens, et l'on était loin d'imaginer que l'impératrice pût s'attacher à deux personnes qui devaient être dépourvues de tout agrément, puisqu'elles n'avaient jamais habité la cour; aussi fûmes-nous très-bien reçues. Lorsque l'on vit que nous étions comme tout le monde, et que Sa Majesté nous aimait, on se refroidit peu à peu; on s'étonna d'un crédit que l'on s'imaginait, et dès lors le projet de le faire cesser en nous éloignant fut formé et exécuté comme on vient de le voir.

Nous n'avions aucune place près de S. M. Aussi il est tout naturel qu'elle nous ait sacrifiées aux personnes de sa maison, qui prenaient de l'humeur de nous voir fixées près d'elle. Elle résista quelque temps à toutes les insinuations qui lui furent faites, ce dont je garderai éternellement reconnaissance.

Du moment où l'on apprit que nous devions partir, les faussetés d'usage chez les courtisans reparurent de nouveau. Ce ne fut que des assurances de chagrin de nous quitter; des protestations du plaisir que l'on aurait à nous revoir. Là, je reçus toutes ces caresses mensongères avec une grande froideur : depuis cinq mois j'avais assez observé pour en apprécier toute la sincérité. J'excepte du nombre des personnes dont nous eûmes à nous plaindre dans cette pénible circonstance, l'excellente madame de Remusat, qui m'a prouvé qu'elle avait en effet quelqu'affection pour moi, puisqu'elle m'a rendu depuis, avec sa bonté ordinaire, un service important.

En disant adieu à Sa Majesté, je ne pus retenir un torrent de larmes qui parurent la toucher. Elle me répéta plusieurs fois que je la verrais le surlendemain, et que jamais elle n'oublierait la promesse qu'elle avait faite de nous envoyer une voiture trois fois par semaine. Elle ne me rassurait pas, car j'étais persuadée que l'on trouverait bientôt après mille raisons pour une de ne pas envoyer cette voiture; et notre fortune ne nous permettait pas d'en louer souvent pour nous rendre près de la femme que l'on eût cherchée avec empressement, quand même elle n'eût été qu'une particulière. Je le répète, je n'en ai jamais connu qui réunît tant de qualités attachantes et qui se fît plus aimer pour elle-même.

J'ai cru long-temps que les motifs dont je viens de donner le détail avaient été les seuls qui nous eussent attiré la malveillance des personnes attachées à Sa Majesté, et j'imaginais qu'elles s'étaient bornées à témoigner à Joséphine le chagrin que leur causait une affection qui pouvait diminuer celle qu'elle devait leur porter. Je pensais que là s'étaient bornées leurs menées contre nous ; je connus plus tard que je l'avais jugé favorablement : rien ne leur coûtait pour se défaire de ceux qui avaient le malheur d'être en rivalité avec elles.

J'ai appris, il y a trois ans seulement, que Sa Majesté avait souvent déclaré qu'elle me garderait près d'elle jusqu'à un mariage avantageux auquel elle voulait contribuer, et qu'elle avait même dit que c'était la mal connaître, que de penser qu'elle nous renverrait après nous avoir éloignées de notre famille et de mes études.

Voyant l'obstination à nous garder, on mit en jeu d'autres moyens, et l'on osa inventer la plus odieuse calomnie. On assura à l'impératrice que son fils avait conçu pour moi un sentiment que je partageais : je lui faisais répéter ses duos, je l'accompagnais souvent, j'en recevais des présens partagés avec les autres dames, il faisait placer ma mère à table auprès de lui, donc il était amoureux de moi. A force de répéter cette absurdité, l'impératrice, sans y croire, finit par penser qu'elle pourrait être vraie un jour, et dès-lors elle se décida à se séparer de nous. Elle confia ces motifs à M. ***, qui m'est resté attaché et qui me les a répétés. La loyauté de son caractère me force à croire à tout ce qu'il m'a certifié ; je dois donner ici ma parole que jamais le vice-roi ne m'a dit un mot qui ait pu même passer pour de la galanterie. Poli comme il l'était avec toutes les femmes, il l'a été pour moi; mais je proteste qu'il n'avait pas même l'idée de me préférer à des personnes qui m'étaient fort supérieures de toutes manières. S'il avait pu éprouver un sentiment si coupable, il se fût bien gardé de l'avouer et de risquer le bonheur d'une jeune personne à laquelle s'intéressait sa mère. Une action semblable eût été opposée à toute sa vie, exempte de tout reproche de ce genre. Je le répète, je ne fus pour lui qu'une indifférente, et mon amour-propre féminin ne peut se glorifier d'une semblable conquête. Je l'admirais comme il était admiré de tout le monde; il reçut quelques conseils de moi pour son chant; voilà où se bornèrent toutes mes relations. Il fallait assurément toute la méchanceté de l'envie pour y trouver rien de répréhensible.

La reine de Naples était en Italie; je ne la vis point à la Malmaison, mais souvent, quelques années auparavant, chez madame de Montessona; elle était jolie, moins cependant que sa sœur Pauline, quoiqu'elle eût un beaucoup plus beau teint; trop d'embonpoint gâtait des formes qui avaient, disait-on, été parfaites avant son mariage. Gaie, gracieuse, elle plaisait généralement dans les fêtes arrangées pour elle. On prétend que son caractère était inégal et violent lorsqu'elle était chez elle. Je n'en puis juger, puisque je ne l'ai connue que chez une femme à laquelle elle cherchait à être agréable, en étant aimable pour tout ce qui se trouvait à Romainville.

Je ne me souviens ni de la princesse Élisa, ni des rois d'Espagne et de Westphalie; voilà pourquoi je n'en parle pas; je ne pourrais en dire que ce qui est su par tout le monde, n'ayant eu aucune occasion de me trouver avec eux, et l'impératrice s'en entretenant rarement. Ils furent, je crois, peu bienveillans pour elle à l'époque du divorce. Elle portait un attachement sincère à la reine de Westphalie, qu'elle pensait capable de tout ce qui est noble et bien.

Cette opinion a été justifiée depuis par la plus admirable conduite lors des malheurs de la famille à laquelle la princesse de Wurtemberg s'était alliée.

Je regrette vivement de n'avoir pas connu la vice-reine et la princesse Stéphanie de Bade, assemblages de toutes les vertus et des qualités les plus aimables.

Je ne vis pas non plus *Madame mère* à la Malmaison; mais je l'avais beaucoup connue à la campagne, à l'époque du retour d'Égypte. Elle nous paraissait alors une *bonne femme* sans prétention, plus que simple dans sa toilette; elle n'avait apporté pour *dix jours* qu'une seule robe de cotonnade; madame Leclerc l'en plaisanta. « Taisez-vous, *dépensière* que vous êtes,

» lui dit-elle. Il faut bien que je pense à mettre
» de côté pour vos frères ; ils ne sont pas
» tous *établis*. Vous ne pensez qu'aux plaisirs
» de *voutre* âge ; moi, je *m'occoupe* des *soulidités*
» du mien. Je ne veux pas que Buonaparte
» (seul nom dont elle appelât le consul) se
» plaigne que nous lui *mangions tout* ce qu'il a;
» vous *abousez* de sa bonté. » Elle se prêtait
de fort bonne grâce aux parties proposées,
se contentait de tout, s'arrangeait de dîner à
des heures différentes, lorsque nous rentrions
tard de quelque course amusante, dont elle
voulait connaître les moindres détails. Le vrai
moyen de lui plaire était de lui parler de ses
enfans, et de les louer devant elle; elle enchérissait sur le bien qu'on en disait, et sa figure,
ordinairement froide, s'animait extrêmement
en s'entretenant des objets qui lui étaient
chers.

Je ne l'ai pas vue depuis qu'elle avait le titre
d'Altesse impériale.

CHAPITRE X.

Nous allons à la Malmaison. — M. de Monaco remplacé par M. Portalès. — Celui-ci devient amoureux de Mademoiselle de Castellane. — Il l'épouse. — Ridicule histoire faite à ce sujet.— Gaucherie de M. de Barral, archevêque de Tours. — Présens que fait l'impératrice à mademoiselle de Castellane. — Elle marie mademoiselle de Mackau au général Wathier de St-Alphonse, M. de Mackau contre-amiral. — Madame la marquise de Soucy, sous-gouvernante de madame la Dauphine.

Pendant quelques semaines on nous envoya chercher avec exactitude. Nous partions de bonne heure et arrivions à la Malmaison pour déjeûner. L'impératrice nous recevait toujours avec une extrême bienveillance; et ce genre de vie satisfaisait mes goûts, puisque je n'étais privée ni de la présence de mon père ni de celle de Sa Majesté. Je prenais toutes mes leçons les jours où je restais à Paris; enfin j'étais heureuse, et préférais le temps actuel à celui passé en entier à la cour. Je ne désirais rien; mes amis, ma famille étaient bons et aimables pour moi, Sa Majesté parfaite; et toute la société, contente de notre éloignement, avait repris avec nous l'ancienne obligeance dont je m'étais félicitée, et qui avait eu si peu de durée.

Un mois environ s'écoula de la manière la plus agréable. Un jour, en arrivant à la Malmaison, j'appris un changement important dans le service de Sa Majesté. M. de Monaco, qui avait été si sévère pour les autres, ne trouva personne qui voulût intercéder pour lui, lorsque, pour des raisons que je ne sais pas assez pour les dire, il reçut l'ordre de céder ses fonctions à M. Portalès, qui, à partir de ce moment, sans avoir le titre de premier écuyer, en remplit les devoirs.

Tout le monde se réjouissait de cette mutation, parce que M. de Monaco, fier, dur et peu poli, n'était aimé de qui que ce fût, tandis que les qualités aimables de M. Portalès le faisaient chérir de tous ses inférieurs, et estimer de ses égaux. L'impératrice, toujours bonne, regrettait que l'empereur se fût mêlé d'une affaire qui affligeait un de ses anciens serviteurs; elle s'était soumise en gémissant à sa volonté, et avait obtenu que la destitution ne fût pas prononcée. Je crois que M. de Monaco eut ordre de joindre son régiment, mais je n'en suis pas sûre.

J'appris aussi que M. Portalès avait remarqué un peu tard la jolie figure de mademoiselle de Castellane; que fatigué sans doute de la vie agitée qu'il avait menée, il voulait jouir enfin de sa grande fortune, en la faisant partager à une femme agréable qui en serait privée; qu'il avait demandé le consentement de l'impératrice pour un mariage qu'elle était charmée de voir se conclure; et que dans peu de temps il épouserait mademoiselle de Castellane à laquelle Sa Majesté donnait une dot de *cent mille francs* et un trousseau.

Cet événement, qui n'avait point été prévu (M. de Portalès ayant depuis long-temps un grand attachement que l'on croyait durer encore), fit beaucoup de bruit, surprit généralement, et ne plut pas de même. Il semble que toutes les mères qui ont des filles à marier regardent comme un vol qu'on leur fait une union heureuse pour une autre, et que ce soit une grande injustice qu'elles supportent que de voir préférer une jeune personne à celles qu'elles aiment; car sitôt qu'un mariage brillant est assuré, ces dames, presque toujours, se déchaînent contre le caractère, la famille, ou la figure de la future privilégiée. Si l'amour maternel n'avait en lui-même quelque chose d'assez touchant pour lui faire pardonner ce qui serait inexcusable en toute autre circonstance, cette basse envie ne pourrait être tolérée; et l'on haïrait la femme capable de s'affliger du bonheur des compagnes de sa fille.

On se permit mille contes sur la manière dont s'était fait ce mariage; on se donna beaucoup de peine pour trouver des raisons à ce qui était cependant très-simple, puisque mademoiselle de Castellane était jolie, spirituelle et très-aimée de l'impératrice. On chercha à persuader que M. Portalès avait été entraîné à cette *mauvaise affaire* par une suite d'intrigues employées pour l'y déterminer; tandis qu'il n'avait été comme beaucoup d'autres, que charmé des agrémens de celle qu'il avait choisie. On alla jusqu'à mêler Sa Majesté dans ces histoires absurdes. La plus accréditée fut celle-ci.

M. Portalès, fatigué d'une longue liaison avec une femme légère et coquette, avait, disait-on, adressé ses hommages à madame Vanberghen, et fut surpris à ses genoux par Sa Majesté, dans le moment d'une déclaration qui ne paraissait pas être repoussée. L'impératrice, prenant sur-le-champ la parole, avait déclaré savoir le motif de ces prières si vives ; qu'elle était sûre que M. Portalès demandait instamment l'appui de madame Vanberghen auprès de mademoiselle de Castellane, dont elle était l'amie, pour la décider à l'épouser, qu'elle approuvait cette recherche, et se chargeait de tout arranger.

Toute niaise que fût cette histoire, mauvaise imitation de la calomnie inventée autrefois sur madame de Montesson, elle circula dans Paris, et, comme de raison, les désœuvrés, presque toujours malveillans, la répandirent, en ayant l'air d'y croire.

Je ne sais qui a pu l'inventer ; mais elle était aussi infâme que fausse. Madame Vanberghen était la personne la plus pénétrée de ses devoirs ; jusqu'à ce moment, sa réputation avait été aussi pure que sa conduite. Peut-être était-ce le motif qui avait donné l'idée de la compromettre dans cette occasion. Elle fut vengée par le redoublement d'égards que lui accorda l'impératrice, instruite de tous ces propos, et par l'estime de tous les honnêtes gens. Il suffisait de connaître mademoiselle de Castellane pour concevoir que la fortune lui fût inutile ; et il était impossible de supposer Joséphine capable d'employer la ruse pour réussir dans un projet que l'attachement qu'on lui portait eût suffi pour faire approuver à M. Portalès, quand même son cœur n'eût pas été d'accord avec les vœux de Sa Majesté.

L'archevêque de Tours, premier aumônier de l'impératrice (M. de Barral), devait donner la bénédiction nuptiale dans la petite chapelle de la Malmaison. Il prononça un discours dans lequel on ne reconnut pas son esprit ordinaire: avec une gaucherie singulière dans un homme doué d'un tact infini, il dit à M. Portalès qu'il devait s'estimer heureux d'obtenir une jeune personne d'une grande naissance, puisque la sienne n'était point illustre ; et, s'adressant ensuite à mademoiselle de Castellane, il la félicita de rencontrer un époux assez raisonnable pour ne pas considérer la fortune de sa compagne. Il déplut ainsi aux deux familles, et extrêmement à l'impératrice, qui en témoigna son mécontentement.

Sa Majesté fit faire, pour mademoiselle de Castellane, un trousseau qui eût été digne d'être offert à une princesse; des schals d'une grande beauté et plusieurs parures y furent joints. En un mot, l'impératrice accomplit avec magnificence la promesse qu'elle avait faite à une mère mourante, de la remplacer près de ses enfans.

Dans aucun ouvrage, on ne s'est assez appesanti sur la bienfaisance inépuisable, sur l'intarissable bonté de cette femme parfaite, déjà presque oubliée. Dans tous les Mémoires qui ont paru depuis sa mort, quelques mots paraissaient suffire à son éloge. Cette espèce d'ingratitude envers cette princesse, qui ne fut occupée qu'à apporter des adoucissemens à tous les genres d'infortunes, s'explique, ce me semble, par la qualité et le rang des écrivains qui s'en sont occupés (1). Des hommes d'état

(1) Madame Durand, dans ses Mémoires que je viens de lire, assure que Marie-Louise faisait infiniment plus

devaient surtout chercher à éclaircir tous les faits
importans des événemens qui se sont succédés
depuis vingt ans. La politique absorbant toutes
leurs pensées, à peine trouvaient-ils nécessaire
de s'entretenir d'une femme dont le plus beau
titre était (pour eux) d'avoir été la compagne
d'un héros. Les vertus naturelles à notre sexe,
une sensibilité qu'ils ne peuvent concevoir,
étaient presque inaperçues à leurs yeux, tou-

d'aumônes que l'impératrice Joséphine. La reconnaissance que porte madame Durand à une souveraine qui
fut pour elle pleine de bonté, doit faire trouver tout naturel qu'elle cherche à la faire valoir ; cependant il faudrait avant tout ne pas vanter l'une aux dépens de l'autre, lorsque c'est injustement. Les manières françaises
que possédait Joséphine pouvaient sans doute la faire
aimer plus que sa rivale, par les personnes d'une cour
où la grâce et l'amabilité devaient être appréciées. Pour
la classe malheureuse, il fallait autre chose que des mots
spirituels et des sourires bienveillans ; hors, c'est précisément les pauvres qui ont fait la réputation de bonté
de l'impératrice détrônée. Madame Durand *assure* qu'elle
ne donnait que *cinq mille francs* par mois aux indigens.
Il est possible que cette somme fût en effet allouée sur
la liste de ses dépenses ; mais on ne compte certainement pas celles distribuées avec profusion sur les demandes de plusieurs de ses dames, celles sollicitées

jours fixés sur les grandes et sanglantes scènes de notre histoire moderne.

Je ne puis, au contraire, être frappée et véritablement touchée que des choses à ma portée;

dans les nombreuses pétitions qui lui étaient remises par des malheureux.

A Navarre, elle n'était plus régnante, et le respectable évêque d'Evreux m'assura qu'il recevait de Joséphine *plus de cent mille francs par an* pour les pauvres de cette ville, ce qui passe de beaucoup ce que dit madame Durand, et ce qui, sans doute, fut plus considérable lorsque Joséphine était sur le trône.

Je n'ai jamais remarqué qu'elle fût *uniquement occupée à faire de l'effet* et encore moins *qu'elle fût peu aimée dans son intérieur;* car tout ce qui l'entourait n'avait pas voulu la quitter lorsqu'elle fut déchue de la puissance. Une telle conduite, honorable pour ceux qui l'ont eue, me semble la meilleure preuve de l'attachement sans bornes qu'ils portaient à Sa Majesté.

Je le répète, la reconnaissance me fait trouver toute simple la petite inexactitude de madame Durand, dans le parallèle qu'elle établit entre les deux femmes de Napoléon. La gratitude que j'ai vouée à la première me fera, j'espère, pardonner une note que j'ai crue nécessaire. Madame Durand, dont le cœur noble a si bien conservé le souvenir des bienfaits, sera, j'en suis sûre, la première à m'excuser.

voilà pourquoi j'ai entrepris de peindre ce que je pouvais comprendre. Je sentais dans mon cœur tout ce qu'il fallait d'attachement pour faire connaître l'impératrice Joséphine : je pensai que, n'ayant reçu d'elle aucun service qui pût faire douter de ma franchise, il m'appartenait plus qu'à une autre de lui élever un monument qui pût perpétuer le souvenir de tant de qualités attachantes; que le goût général que l'on a pour le genre d'ouvrage que j'entreprenais le ferait beaucoup lire; qu'ainsi l'éloge de Sa Majesté serait dans toutes les bouches. Je m'applaudis maintenant d'avoir fait ce qui me plaisait à tant de titres !

L'impératrice aimant beaucoup mademoiselle de Mackau, qu'elle avait, pour ainsi dire, privée d'une sœur, en la demandant à la princesse Stéphanie de Bade (qui s'en était chargée, et la comblait de bontés), voulut assurer son avenir, comme eût pu le faire celle qu'elle remplaçait près de sa protégée; elle chercha donc un parti qui pût lui convenir, résolue à faire pour mademoiselle de Mackau comme pour mademoiselle de Castellane.

Le général Wathier de St.-Alphonse fut celui

qu'elle chargea de la destinée d'une jeune personne qui n'avait qu'un tort, celui de se méfier d'elle, au point d'être d'une timidité qui paralysait souvent tous les dons du plus aimable naturel. Cet hymen eut lieu, et le bonheur qui le suivit prouva combien l'impératrice avait raison sur l'opinion qu'elle portait de deux caractères faits pour s'entendre. Mademoiselle de Mackau joignait à la figure la plus modeste et la plus régulière, des vertus et des talens remarquables. Fille et sœur parfaite, elle ne pouvait être qu'une épouse irréprochable (1); c'est ce qu'elle est en effet.

M. Portalès voulant rétablir l'ordre dans tout ce qui avait rapport au luxe, fit plusieurs changemens, quelques suppressions, qui amenèrent des économies, qui rendirent plus difficile l'envoi de la voiture qui devait nous conduire; peu à peu nous ne l'eûmes que

(1) Elle est sœur de M. le contre-amiral de Mackau, dont le prompt avancement dans la marine pourrait étonner, si sa noble conduite et sa valeur brillante ne se chargeaient de l'expliquer : madame la marquise de Soucy, ancienne sous-gouvernante de S. A. R. madame la dauphine, était leur tante.

rarement, et enfin nous en fûmes totalement privées.

Pendant quelque temps, nous fîmes des sacrifices pour nous procurer les moyens de continuer à aller à la Malmaison, espérant toujours que l'on nous rendrait la facilité que nous avions eue, et qui nous était promise. Enfin, le même état de choses continuant, il fallut forcément renoncer à ces voyages, qui nous charmaient. Nous écrivîmes nos tristes raisons à l'impératrice : nous ne reçûmes pas de réponse; ce qui est tellement en opposition avec sa manière d'être ordinaire, que je fus convaincue, comme je le suis encore, qu'elle donna des ordres qui ne nous furent pas transmis. J'ai le droit de croire à cette négligence (pour ne pas dire plus) de la part de ceux qui les recevaient, ayant eu la preuve que déjà une fois on avait désobéi pour une chose que Sa Majesté voulait faire pour nous.

Peut-être a-t-elle cru que nous étions peu reconnaissantes des bontés qu'elle devait penser nous avoir été offertes ! Cette idée a plusieurs fois mêlé une nouvelle amertume à celle des larmes que j'ai répandues à sa mort.

Je n'ai plus rien à dire de la Malmaison, du moins d'après moi-même; mais j'ai recueilli, avec un extrême intérêt, des *choses positives*, que je transmettrai plus tard. Je vais, jusqu'au moment des événemens de 1814, parler de quelques personnes célèbres que j'ai connues, particulièrement d'artistes remarquables avec lesquels j'ai été en relation assez intime pour donner sur eux des détails intéressans. Les arts ont aussi une gloire qui honore la France, et dont, par cette raison, je crois devoir parler.

Tous ces genres d'illustration doivent intéresser, et la gloire, sous quelque forme qu'elle se présente, sait plaire à mes compatriotes. N'est-ce pas d'ailleurs le meilleur moyen de prouver l'amour que je porte à mon pays, que de donner des détails sur les hommes qui, par leurs talens, leurs connaissances, leur caractère, augmentent l'admiration que l'on doit à la France?

CHAPITRE XI.

Steibelt. — Clementi, Dussek, Cramer. — MM. Czerny, Pixis, Rhein, Herz, etc. — Caprices de Steibelt. — Madame de B. — Cherubini. — M. de La Rochefoucauld.

Pour me distraire du chagrin d'avoir quitté Sa Majesté, je faisais beaucoup de musique, avec quelques personnes qui voulaient bien me donner des conseils. Steibelt avait alors une réputation européenne, qu'il ne partageait guère qu'avec Clementi, Cramer, et Dussek. La musique de piano de ces quatre grands maîtres était à peu près la seule qui fût exécutée par les vrais amateurs; en y ajoutant les belles sonates de Mozart et d'Haydn, on avait le répertoire presque général de ce qui était à la mode, lorsqu'on se croyait un grand talent sur un instrument qui maintenant est porté à un degré de perfection désespérant pour les personnes qui n'ont que peu de temps à y consacrer. Pleyel était joué par les commençans ; et, quoiqu'une grande partie de ses œuvres soit en quelque sorte oubliée, il faut convenir qu'elles avaient du mérite pour l'époque où elles furent composées. Peu d'années avant lui, l'insupportable *clavecin* ne retentissait que de *pièces classiques*, qui étaient en vogue depuis cinquante ans. Il y eut donc un grand talent à composer des chants expressifs et agréables, et à sortir de la longue routine à laquelle on s'était habitué.

Clementi, Dussek, Cramer, graves, savans et larges dans leurs compositions, sont encore sur tous les pupîtres, où se trouvent en même temps les brillans morceaux de Czerny, Kalkbrenner, Rhein, Herz, etc. Mais Steibelt, qui s'était fait un genre à lui, plein de grace, quelquefois de charme et toujours original, languit abandonné d'une manière injuste, selon moi. Pour juger ses ouvrages, il fallait les entendre exécuter par lui: il leur communiquait le feu, le génie de son esprit ; et, en les entendant ainsi, on les préférait à tout. Une de mes amies fort en état de le juger, puisqu'elle était sa meilleure élève, me parlait si souvent de ce talent extraordinaire, que j'avais une envie démesurée de savoir si elle n'exagérait pas. Steibelt était si capricieux, si fantasque, qu'il avait promis vingt fois de venir à des soirées arrangées pour lui, et que vingt fois il avait manqué à sa parole, comme c'était son usage. Enfin, madame Scherer, femme du banquier, avec laquelle ma mère était liée, l'engagea d'une manière si pressante à dîner en petit comité, pour faire de la musique ensuite, qu'il accepta. Il donna la liste des personnes qu'il daignait admettre à cette solennité; et, au jour fixé, il fut exact, chose fort rare pour lui.

Pendant tout le dîner, Steibelt fut gai, aimable, et parla du plaisir qu'il aurait à se faire entendre. Au moment où il allait se mettre au piano, on annonce madame de B...., grande, droite et vieille femme, qui avait eu dans sa jeunesse une réputation de beauté tout-à-fait établie; on pouvait s'en douter encore à l'attitude de dignité qu'elle avait conservée comme preuve d'une supériorité reconnue. Il ne restait plus sur son visage qu'un pied de blanc recouvert d'autant de rouge. Elle était en grand deuil, ce qui faisait encore ressortir l'éclat singulier de ce teint factice. Tous ses mouvemens étaient compassés, raides et apprêtés. Cette majestueuse personne s'assit dans une bergère près de la cheminée, et, sachant que Steibelt devait jouer, elle resta. Il avait quitté le piano, s'en tenait éloigné, et sa figure rembrunie me prouva qu'il n'était plus dans les mêmes dispositions. M. Scherer, devinant ce qui allait se passer, s'approcha de lui, et lui demanda de prendre la place qu'il occupait si bien. — « Cela ne se peut plus, Monsieur. — Comment? Mais tout à l'heure vous vous disiez en train. — Sans doute; mais je ne suis pas habitué à faire de la musique pour des tableaux de famille. Tant que celui-là, ajouta-t-il en montrant madame de B..., sera dans votre salon, mes doigts resteront glacés. Que la *dame noire* parte, et je ferai tout ce qui pourra être agréable. — En vérité, Steibelt, vous m'affligez. Cette *dame noire* est une personne très-estimable, amie de ma femme. Elle est venue par hasard; mais à présent qu'elle sait que vous devez jouer, bien certainement elle restera. — Tant pis pour elle et pour nous; car, je vous le répète, Monsieur, je ne jouerai que lorsqu'elle n'y sera plus. »

Il fut impossible de lui faire changer d'avis, malgré les prières de toutes les femmes de la société, qui, les unes après les autres, furent le supplier d'être plus traitable. La sérieuse madame de B..., parlant peu, ne questionnant jamais, s'aperçut bien qu'il y avait un peu d'agitation dans le cercle; mais elle se contenta de ce qu'on lui dit que Steibelt était souffrant; elle le crut. On espérait qu'elle continuerait le cours de ses visites; mais elle avait renvoyé ses chevaux, et ne les avait demandés qu'à minuit; il fallut se soumettre. On lui proposa un wisk, qu'elle accepta; et l'on établit une *macédoine*, pour que Steibelt, retenu par la gaîté des jeunes personnes, reprît la sienne, et consentît au voeu général. Tout fut inutile; il rit, joua au vingt-et-un, makao, etc.; mais il persista dans son entêtement.

Enfin, à onze heures et demie, on vint annoncer que la voiture de madame de B... était arrivée. Le *robber* heureusement finissait. Elle prit lentement son schal, salua méthodiquement, baisa au front la fille de la maison, et sortit à pas comptés de ce salon où elle était entrée si mal à propos. A peine était-elle dans l'antichambre, que Steibelt préludait déjà. A trois heures du matin, il jouait encore, et tout le monde avait oublié qu'il fût temps de se retirer.

On ne peut, je crois, comparer son talent à aucun autre : son jeu changeait de style aussi promptement que ses idées, et cette mobilité lui imprimait un caractère impossible à saisir. Tout le désordre de cette tête extraordinaire se trouvait aussi dans ses doigts : en une minute, il faisait passer ses auditeurs de l'attendrissement où les plongeait un chant suave et mélancolique, à l'étonnement qu'excite la plus rapide exécution. Au moment où l'on regrettait une phrase touchante, il consolait par un trait inattendu; en un mot, il était *lui*, et je doute que jamais on trouve réuni plus d'entraînement et d'expression. Nous possédons sans doute des pianistes jouant la difficulté infiniment plus correctement que lui, d'autres chantant mieux peut-être sur leur instrument;

mais on admirait en lui la fusion de tous les genres, qui formait un ensemble difficile à retrouver.

Il ne composa qu'un opéra, dans lequel se trouvent des choses admirables. Il fut jugé à son apparition beaucoup trop savant; les vieux amateurs, habitués aux accompagnemens simples de l'ancienne école, étaient fatigués du brillant d'un orchestre dont les détails n'étaient pas compris par eux; ils s'emportèrent contre ce *mauvais genre* qui bouleversait leur système, ce qui n'empêcha pas *Roméo et Juliette* de suivre une longue et brillante carrière. Cet ouvrage, remis avec soin au théâtre, obtiendrait, je crois, encore beaucoup de succès. Il en serait de même de plusieurs de ceux de Chérubini, dont les belles partitions sont dans toutes les bibliothèques musicales, mais dont les morceaux ne sont pas assez connus par notre génération, digne de l'apprécier. Sans sa musique sacrée, sa réputation paraîtrait à nos contemporains d'une inconcevable exagération, puisqu'ils ne peuvent juger des titres qui l'ont établie. Ce que j'avance est si vrai, que l'on prétend que M. de La Rochefoucauld lui dit un jour qu'avec son admirable talent, il devrait *essayer* de travailler pour la scène. Certes, si le directeur des beaux-arts n'a pas entendu parler de chefs-d'œuvre tels que *Médée*, *le mont Saint-Bernard* et *Lodoïska*, les jeunes amateurs sont bien excusables de les ignorer.

Steibelt avait des vices réels, trop connus pour en parler ici. Il est toujours affligeant d'avoir une ombre trop forte à opposer au portrait d'un homme célèbre. Contraint de s'expatrier, il fut en Russie. On m'a assuré qu'il avait été exilé en Sibérie; je ne sais si c'est vrai; malheureusement, sa conduite antérieure a donné le droit de croire à la possibilité de cet événement (1).

Il enseignait mal : son impatience naturelle l'emportant souvent hors du sang-froid et du respect que l'on doit à des jeunes personnes ; au lieu de leur faire recommencer les passages qui les arrêtaient, il trouvait plus commode de se mettre au piano pour les leur jouer. Oubliant ce qui l'avait placé là, il se mettait à improviser; on n'osait l'interrom-

(1) Steibelt est mort à St.-Pétersbourg.

pre, et quelquefois plusieurs heures s'écoulaient sans qu'il songeât à ses élèves, charmées de l'écouter, et de ne pas étudier. Il était d'une telle inexactitude, que, pour être sûr qu'il vînt régulièrement, on ne lui donnait point de cachet, mais on lui remettait vingt francs à chaque séance. Toujours pressé d'avoir de l'argent, c'était le seul moyen d'obtenir qu'il fût régulier et assidu.

Ce n'est pas ainsi que nous voyons agir nos jeunes artistes, qui joignent au talent un grand zèle pour leur profession, un ton parfait et une patience extrême. Je ne puis terminer ce chapitre sans indiquer les meilleurs professeurs actuels. MM. Herz, Rhein et Pixis (1) joignent à une exécution sans reproche, l'art tout différent de bien enseigner, et de composer pour leur instrument des choses difficiles, sans que la grâce en soit bannie. C'est lorsque l'on peut aimer ses maîtres, et leur accorder une confiance justifiée par une conduite honorable,

---

(1) MM. Pixis et Rhein, après des voyages qui ont été pour eux une suite de succès, sont rendus aux amateurs de leurs beaux talents, et fixés à Paris.

que les progrès sont prompts et certains; on ne peut donc assez s'informer des antécédens de ceux auxquels on confie une partie de l'éducation de la jeunesse.

CHAPITRE XII.

Bonté de la reine Hortense pour M. Drouet. — Trait peu honorable pour lui. — Soirée chez M. Brongniart, architecte. — J'y chante. — Mon amour-propre en souffrance. — Martin offre de me donner des leçons. — Quelques artistes célèbres tels que Nicolo, Ciceri, Isabey, Duport, MM. Carle et Horace Vernet. — Anecdote sur Carle. — Aventure arrivée au grand Vernet. — Horace Vernet. — Son mariage. — M. le général Rabusson. — Réponse spirituelle faite par lui à l'empereur.

N'ALLANT plus à la Malmaison, nous avions négligé de faire notre cour à la reine Hortense; car ce n'était pas la puissance qui nous attirait, mais uniquement le bonheur de voir de près la mère et la fille, élevées toutes deux au rang suprême, sans avoir perdu un seul des agrémens qui rendent aimable dans une condition obscure, et ayant acquis des vertus essentielles dans les personnes appelées à commander aux autres : la clémence et la générosité ! Cependant, ne doutant pas de la bonté de la reine, nous nous décidâmes à retourner chez elle ; voici à quelle occasion.

M. Drouet, jeune Hollandais, venait d'arriver à Paris. Jouant de la flûte d'une manière supérieure, il trouvait mille obstacles à se faire entendre, et faisait, disait-on, vivre son père et sa sœur. Il nous fut présenté, nous intéressa, et nous eûmes l'idée de lui obtenir la protection de sa souveraine, toujours accessible lorsqu'il s'agissait d'un malheureux. M. Drouet l'était beaucoup, puisqu'avec un magnifique talent, il ne pouvait parvenir à s'en faire une ressource pour lui et sa famille.

Nous demandâmes une audience à la reine, qui nous l'accorda sur-le-champ. Après quelques excuses sur le long temps que nous avions été sans paraître chez elle, nous lui parlâmes de M. Drouet avec un grand intérêt, que nous lui communiquâmes aisément. Elle nous assura qu'elle donnerait des ordres pour qu'il lui fût présenté ; qu'elle l'entendrait, et ferait tout pour lui être utile; qu'en attendant il fallait qu'il annonçât un concert, pour lequel elle prendrait quatre-vingts billets. Elle tint tout ce qu'elle avait promis; c'est à elle que M. Drouet fut redevable de la prompte réputation qu'il acquit à Paris, et plus tard dans les différentes cours de l'Europe. Il a maintenant une grande fortune, qu'il doit absolument à la reine; peut-être l'a-t-il oublié, comme ont fait beaucoup d'autres personnes auxquelles elle a prêté son appui. Je suis toujours heureuse de faire connaître des traits de bonté de tout ce qui a appartenu à Joséphine, et me félicite d'avoir de la mémoire pour ceux qui n'en ont pas.

J'appris plus tard que M. Drouet était loin d'être aussi intéressant que nous le supposions. Il avait, en effet, avec lui son père et sa sœur; mais l'un était son *domestique,* et l'autre sa *cuisinière.* Quelqu'un de ma connaissance allant le voir, le trouva déjeûnant, sa sœur debout derrière lui, *le servant,* et son vieux père *frottant ses bottes* dans l'anti-chambre. Je regrettai presque nos démarches; mais, enfin, il vaut mieux être dupe d'un bon cœur, que de résister à ce qu'il conseille, par une défiance, qui peut empêcher de soulager l'infortune. Tout bien considéré, je suis aise d'une crédulité qui m'a souvent rendue dupe de mensonges odieux, puisqu'elle m'a plus souvent encore procuré de véritables jouissances.

Nous allâmes à une soirée chez M. Brongniart, architecte distingué, dont j'ai déjà parlé. Un grand nombre d'artistes célèbres s'étaient empressés de s'y rendre pour fêter l'anniversaire de la naissance de cet homme excellent; Martin, lié avec lui, s'y trouvait. A l'époque de ses débuts, mon père lui avait été utile, et ils se retrouvèrent mutuellement avec plaisir. L'un, avant la révolution, était un grand seigneur riche, protecteur des arts, qu'il aimait; de tout cela, il ne lui restait que sa passion pour le talent. L'autre, acteur gauche alors et chanteur médiocre, était devenu l'un des plus brillans soutiens du théâtre, où chaque rôle nouveau était pour lui un triomphe de plus. La roue de la fortune avait tourné pour eux en sens inverse, et c'était maintenant mon père qui allait être l'obligé.

On me pria de chanter, ce que je fis, assez persuadée, je l'avoue, que, comme à l'ordi-

naire, j'allais être applaudie. En effet, toute la société, se souciant fort peu de me donner de mon talent une idée juste ou fausse, me fit beaucoup de complimens, que je pris comme argent comptant. Quel fut donc mon étonnement lorsque Martin, s'approchant de mon père, lui dit : « Mademoiselle votre fille a une
» jolie voix; elle ne chante pas trop mal, mais
» elle prononce indignement le français surtout; il faut lui donner un bon maître. —
» Cela est bien aisé à dire; mais je n'ai plus
» de fortune, et suis forcé de calculer, même
» pour la chose qui m'intéresse le plus, l'éducation de ma fille. — N'est-ce que cela,
» Monsieur? Je vous demande la permission
» de lui donner des leçons suivies, et je
» vous assure qu'avec ses dispositions, elle
» aura bientôt un vrai talent. » Mon père voulut refuser; mais Martin mit tant de grâce à le presser, qu'il fut convenu que tous les deux jours il viendrait me faire chanter pendant une heure. J'eus d'abord un peu d'humeur d'une sévérité à laquelle je n'étais pas habituée; l'extrême complaisance, la patience inaltérable de mon maître, son beau talent,

inaltérable de mon maître, son beau talent, me désarmèrent, et firent succéder la reconnaissance la plus sincère à un mécontentement passager. Pendant six mois, Martin continua la tâche fatigante et ennuyeuse qu'il s'était imposée. S'il me lit, il verra que j'en garde un souvenir que le temps n'effacera pas.

Si je n'ai pas mieux profité de pareils conseils, c'est qu'une paresse excessive a toujours été un de mes défauts marquans. Au lieu de travailler après le départ de M. Martin, je me contentais de me rappeler ses avis, ce qui n'est pas du tout la même chose ; ses excellentes leçons devaient faire une meilleure écolière ; il est impossible d'en donner de plus parfaites.

C'est une des choses qui me plat le plus, en écrivant ces Mémoires, que d'y consacrer quelques lignes à ceux dont j'ai eu à me louer dans le courant d'une vie troublée par de cruels orages ! Le nombre des personnes qui ont cherché à me nuire, ou m'ont abandonnée dans mes malheurs, est beaucoup plus grand sans doute ; je n'en parlerai pas. Je plains, plus encore que je ne blâme, ceux qui éprouvent le besoin de divulguer ce qui peut nuire à des êtres qui leur furent chers, et dont ils ont éprouvé de mauvais procédés. La seule vengeance qui convienne dans ce cas, à une femme surtout, est de faire plus de bien encore. On pleure l'ingratitude, mais on ne la raconte pas, et je n'augmenterai pas le chagrin que j'en ai ressenti en m'en entretenant davantage.

Je vis chez M. Brongniart deux hommes d'un mérite éminent, Nicolo et Ciceri. Le premier est mort trop jeune pour nos plaisirs; l'autre poursuit le cours de ses succès, et son nom se trouve toujours près de ceux de nos grands maîtres, et partage les applaudissemens accordés à leurs ouvrages.

Nicolo était gros, d'une figure commune, et sa toilette plus que négligée achevait de le rendre fort peu séduisant ; on ne trouvait même pas, dans ses traits, les signes annonçant son facile et spirituel talent. Il exécuta, ce soir-là, de la manière la plus plaisante à lui seul, un *quatuor bouffe* de sa composition; je n'ai rien entendu de plus amusant.

Ciceri, outre sa juste célébrité pour la peinture, chantait à merveille, sans prétention et sans le mauvais goût du luxe des ornemens ; il contrefaisait, avec une incroyable perfection, tous les chanteurs de l'époque et tous les acteurs à la mode ; ce qui, joint à beaucoup d'esprit et de gaîté, rendait sa société extrêmement agréable. Son humeur égale et douce ne se démentit même pas lorsque, quelque temps après, il éprouva un accident horrible, qui le retint au lit pendant plus de six mois, dans l'alternative la plus cruelle, puisqu'on hésitait à savoir si on lui couperait la jambe. Ses nombreux amis se donnaient rendez-vous chez lui, pour le distraire par des concerts, des conversations aimables ou quelques proverbes. Cette longue maladie fournit la preuve de la perfection de son caractère ; toujours prêt à paraître s'amuser de tout ce que l'on faisait pour lui plaire, il ne lui échappa ni murmure ni plainte. Grâce aux soins de Dubois, il s'est parfaitement rétabli. Vivant très-retirée, je ne le vois plus; mais je me rappelle toujours, avec un grand plaisir, les momens passés avec lui.

Isabey, son beau-père, ne contribuait pas peu à l'agrément de ces réunions, où il apportait à la communauté une gaîté intarissable, et une collection d'histoires plus amusantes les unes que les autres. Un trait conté par lui, était accompagné de gestes si expressifs, que l'on croyait voir les personnages dont il parlait. Dans ces soirées où se trouvaient réunis les artistes les plus remarquables dans tous les genres, toute discussion sérieuse, toute personnalité était interdite; aussi c'était à qui s'y ferait présenter; et telle était l'urbanité qui y régnait, que ceux qui ne pouvaient que jouir des plaisirs de ces petites fêtes impromptues, sans les augmenter, y étaient reçus avec la même obligeance que les autres. Cette aménité générale et cette bienveillance de tous les instans, me plurent d'autant plus que je sortais d'une cour, où malgré la bonté et la grâce de la souveraine, tout était compassé, calculé, sans que jamais une louange fût sincère, ou accordée avec plaisir. Lorsqu'on y était forcé d'avouer une qualité marquante, on avait soin de l'accompagner d'une observation sur un défaut qui éclipsait le bien qui venait d'être dit. Chez Ciceri, au contraire, on ne taisait que le mal. Le charme que je trouvai dans cette société, influa certainement d'une manière fâcheuse sur tout le reste de ma vie; et je payai cruellement cher depuis les plaisirs que j'y goûtai.

J'y entendis le bon vieux et respectable Duport, forcé d'exercer de nouveau son talent, pour réparer la perte entière d'une fortune acquise par de longs travaux. Revenu dans sa patrie, après une expatriation d'un grand nombre d'années, il y obtint un succès d'enthousiasme, justifié par une qualité et une pureté de son, possédés à ce point par lui seul. Il se fit entendre à l'Odéon *cinquante et un ans*, jour pour jour, après celui où, pour la première fois, il joua au concert spirituel. Il excita les mêmes transports; les mêmes triomphes lui furent accordés par trois générations.

Il était complaisant et doux. Il appelait toujours sa basse, *madame Duport*, parce qu'elle avait été la compagne fidèle de toutes ses tribulations. Il la soignait avec une tendresse infinie, s'informant toujours, en arrivant dans une maison, du lieu où il pouvait la déposer sûrement. J'ai entendu depuis, MM. Bohrer,

Romberg, Baudiot, ils ne m'ont point fait oublier leur doyen d'âge et de talens.

MM. Carle et Horace Vernet allaient beaucoup aussi chez Ciceri. Le premier, par la bizarrerie de son esprit, et l'originalité de sa manière de raconter, était un homme fort intéressant quand il voulait bien renoncer aux calembourgs, mauvais genre dont il abusait souvent. Voici une jolie anecdote que je tiens de lui.

Il avait six ans, et ses dispositions pour un art dans lequel il a excellé depuis, étaient si étonnantes, qu'il était engagé partout pour lui voir faire des croquis. Il fut un jour conduit par son père, le *grand Vernet*, chez M. le prince de Conti, qui, le prenant sur ses genoux, lui remit une ardoise, un crayon, et lui dit de faire un cheval. L'enfant aussitôt dessine très-correctement un beau cheval, et présente fièrement son ardoise au prince étonné qui examine ce petit chef-d'œuvre. « Votre coursier est très-bien, mon cher ami; mais cependant il lui manque des choses essentielles : ce sont des jarrets et des pieds; vous avez mal pris vos mesures, et le bois de votre ardoise vous a empêché de les faire. — Oh! que non, s'écria Carle, en traçant précipitamment une rivière : vous voyez bien, Monseigneur, qu'il a les jambes dans l'eau. »

Ce subterfuge spirituel fut fort goûté, et valut au jeune peintre beaucoup de complimens, un présent du prince, et ce qu'il aimait mieux, une quantité de bonbons.

Il arriva, dans son enfance, une plaisante aventure à son père : il revenait de Marseille par le coche-voiturin, espèce de lourde machine, dont les mouvemens étaient si lents, qu'il lui fallait, je crois, vingt-deux jours pour arriver à Paris. Parmi les voyageurs qui s'y trouvaient entassés, Vernet remarqua un gros homme, à face rouge et ignoble, qui paraissait aussi épais d'esprit que d'extérieur ; il résolut de s'amuser un peu de cette grotesque figure, lui fit beaucoup de politesse, auxquelles le gros homme répondit fort gauchement, mais avec bonhomie. Ils mirent pied à terre pour monter une côte que les pauvres chevaux, tout haletans, ne pouvaient venir à bout de gravir. Chemin faisant, un fossé de peu de largeur se présente, et Vernet, qui avait la réputation de sauter parfaitement, parie qu'il le franchira. « O mon Dieu! vous pourriez sauter ça? lui demanda avec étonnement celui qu'il avait choisi pour victime. — Sûrement; il est fort étroit. — Je voudrais voir comment vous vous y prendriez. — Mais ainsi, dit Vernet en s'élançant légèrement de l'autre côté. — Oh! c'est vrai. Eh bien! moi, j'ai envie d'en faire autant; votre audace me gagne, et je me sens le courage d'essayer. — Vous! s'écria le grand peintre en éclatant de rire : *je voudrais bien voir aussi comment vous vous y prendriez.* Je parie le dîner que vous tombez au milieu. — N'allez pas me faire peur d'avance; voyons. Le dîner? c'est bien cher. — Un petit écu, je crois. — C'est beaucoup; n'importe, je vais tâcher. » Après mille simagrées, le gros homme saute, et tombe lourdement à un pied plus loin qu'où avait été Vernet. « J'aurai ma revanche, dit celui-ci un peu piqué; vous ne me la refuserez pas, j'espère. — Oh non! Ce qui est arrivé par hasard n'arrivera peut-être plus; cependant, il faut être beau joueur; demain nous sauterons à qui paiera le dîner. »

Le lendemain, en effet, une occasion se pré-

senta d'essayer de nouveau leur agilité, et le gros homme, comme la veille, gagna d'une semelle, s'extasiant toujours sur l'*étonnant hasard* qui le favorisait; et Vernet, de plus en plus choqué du triomphe de son adversaire, proposa plusieurs fois la même partie, et perdit constamment. Enfin, au dernier relai, le *pataud*, comme l'appelait le grand Vernet, s'approchant de ce dernier, lui dit : « Monsieur, je
» vous dois mille remercîmens pour la bonté
» que vous avez eue de me payer généreusement
» mon dîner pendant presque toute la route
» de Marseille ici ; je veux vous en témoigner
» ma vive reconnaissance. Si quelques billets,
» chez Nicolet, peuvent vous être agréables,
» je serai heureux de vous les offrir; car j'y
» suis engagé *paillasse*, et je débute dans deux
» jours, ce qui doit vous consoler d'avoir été
» vaincu. Vous sautez parfaitement; mais fus-
» siez-vous encore plus agile, plus leste, j'au-
» rais toujours gagné, car j'ai des réserves de
» talent que j'aurais mises en usage pour justi-
» fier le proverbe, que vous savez sans doute :
» *c'est de plus fort en plus fort, comme chez Ni-
» colet.* »

Vernet trouvait un grand plaisir à raconter cette histoire ; mon père l'a entendue de sa bouche.

Lorsque je connus Horace Vernet, il venait de se marier. Sa femme, jeune et jolie, avait été élevée avec soin ; mais elle était sans fortune, et celle de son mari était à faire ; car, par une fatalité réelle, son grand-père et son père avaient dissipé des sommes énormes. La réputation du descendant de ces deux peintres était à peine commencée. Il logeait à un quatrième étage, vivait avec une telle économie, que j'ai vu madame Vernet se désespérer de dépenser trois cents francs par mois, parce qu'Horace ne les gagnait pas. Il a depuis acquis tout ce qui lui manquait ; et maintenant que le train de sa maison est égal à celui d'un très-riche particulier, il doit s'occuper d'augmenter, s'il se peut, sa réputation, ou, pour mieux dire, de la fonder sur quelque composition importante, afin que, lorsque la mode des tableaux de chevalet sera passée, il se trouve au niveau de celle qui pourra survenir, et qui exigera peut-être de grandes études. Pour réussir dans tous les genres, M. Horace n'a qu'à vouloir. Espérons donc que, dans son intérêt et dans celui de l'art, il consentira à travailler moins vite, afin de ne pas laisser de prise à la critique lorsqu'il entreprendra de représenter l'histoire autrement qu'en miniature. Jusqu'ici tous ses grands tableaux sont loin d'être parfaits ; mais entouré, comme il va l'être, des chefs-d'œuvre de l'école italienne, il aura la noble ambition de les imiter, et dès-lors nous compterons un émule de plus de notre Gerard et de notre Girodet ! Jusque-là.... désirons mieux que ce qui est, quoique ce soit déjà très-bien.

M. Horace mérite, au reste, sa fortune par l'excellent usage qu'il en fait : il est souvent venu au secours de plusieurs personnes de sa famille. Son bon cœur fait excuser quelques travers d'esprit, dont l'âge le corrigera sans doute. C'est cette foule d'admirateurs passionnés qui l'entouraient qu'il faut accuser des petits ridicules qu'il s'est donnés. Persuadé par leurs discours qu'il devait être l'un des chefs des mécontens (on ne sait trop pourquoi), il a affiché des opinions exagérées, que sa conduite n'a pas toujours justifiées; car il a accepté et porté la croix de la Légion-d'Honneur donnée par Louis XVIII; plus tard, celle d'officier du même ordre. Il a été aide-de-camp du maréchal Oudinot, pour le service de la garde nationale; il a fait tous les tableaux commandés et *bien payés* par le gouvernement qu'il frondait; il vient enfin de partir pour Rome, où le roi lui a accordé une belle place, ce qui doit le convaincre que Sa Majesté attache beaucoup plus de prix à son talent qu'à son opinion. Il se rendra digne de l'éclatante faveur qu'il vient de recevoir, en songeant plus à son art qu'à la politique : devant de la reconnaissance au roi, il la lui témoignera en s'appliquant à faire prospérer cette école française brillante d'espérance, et en envoyant à Paris des ouvrages dignes de son nom.

C'est, dit-on, M. Rabusson, beau-frère de M. Horace Vernet, qui eut, avec l'empereur, une présence d'esprit qui lui fit gagner deux grades, et prépara l'avancement qu'il a obtenu depuis.

Il était sous-lieutenant dans je ne sais quel corps. L'empereur, passant une revue, laissa tomber son chapeau, que M. Rabusson s'empressa de ramasser. « Merci, mon capitaine,

» dit l'empereur sans faire attention au grade
» de celui auquel il s'adressait. — Dans quel
» régiment, sire? — Ah ! c'est juste, dans ma
» garde, » répondit Napoléon riant de sa méprise et du sang-froid de son interlocuteur. Il demanda son nom, apprit qu'il était brave, que plusieurs actions d'éclat lui avaient mérité la croix. Depuis lors, il eut toujours l'œil sur lui, lui donna des occasions périlleuses de se signaler, dont il se tira toujours avec honneur, et lui accorda successivement plusieurs récompenses.

Je ne sais s'il est certain que le général Rabusson soit le héros de cette anecdote ; mais il est positif qu'il est digne de l'emploi qu'il occupe aujourd'hui, par une valeur froide et raisonnée qui lui a fait affronter les dangers tout en les calculant, et par un caractère généralement estimé.

CHAPITRE XIII.

Nous partons pour aller en Picardie chez une amie de ma mère, madame Dubrosseron. — Nous y voyons M. de Saint-Aulaire. — Son premier mariage avec mademoiselle de Soyecourt. — Mademoiselle Duroure, sa seconde femme. — Madame et mademoiselle Duroure. — MM. Joseph d'Estourmel, Casimir Baëcker, de Castéja. — Madame de La Rue, fille de Beaumarchais. — Son beau talent sur le piano. — Quelques détails sur elle et son père. — Madame de Beaumarchais. — Nous jouons la comédie. Course à Manicamp, château appartenant à M. de Brancas. — La tour de Coucy. — Le duc de Lauraguais. — Singulier trait d'amour.

L'été mit fin à ces réunions charmantes, sur lesquelles je viens de donner quelques détails, et nous partîmes pour Sorel, fort belle terre située en Picardie. Elle appartenait à madame Dubrosseron, amie de ma mère, femme charmante, dont la mort fut une perte pour tous les habitans du village, consolés et secourus par elle. Une immense fortune la mettait à même de suivre son goût dominant, celui d'une bienfaisance éclairée, étendue à un tel point, que de plusieurs lieues à la ronde on venait près d'elle chercher des secours ou des conseils sur des désunions de famille. On la respectait, on la révérait; ses avis étaient suivis; il lui est arrivé mille fois de ramener le calme entre des fils et des pères, des sœurs et des frères, divisés par des affaires d'intérêt, qu'elle arrangeait avec sa bourse. Jolie, elle était sans coquetterie; pieuse, elle était indulgente comme toutes les personnes qui ne confondent pas la bigoterie avec la dévotion; et spirituelle, elle n'avait aucune prétention.

Un château très-vaste lui permettait de recevoir un grand nombre d'amis, qui se faisaient un plaisir de lui consacrer tout le temps dont ils pouvaient disposer. Son excellent jugement discernait promptement ceux dignes de cette faveur, et sa société était un mélange de tous les genres de mérite.

M. de Saint-Aulaire, devenu remarquable par un esprit qui l'a rendu un des orateurs les plus marquans de la chambre des députés, bornait alors ses vœux à embellir une habitation qu'il possédait à trois lieues de Sorel, à élever deux filles qui lui restaient d'un premier mariage, à faire le bonheur de sa jeune et nouvelle épouse, à répandre de nombreux bienfaits autour de lui, et, enfin, à se livrer au charme de la plus douce amitié, qui l'unissait depuis plusieurs années à M. Joseph d'Estourmel.

M. de Saint-Aulaire avait éprouvé tous les malheurs de la révolution. Entièrement ruiné par elle, il avait su, par un beau talent sur la guitare, se créer une ressource lucrative, et d'autant plus honorable, qu'il contribuait par le produit de ses leçons au bien-être de sa respectable famille. Une de ses élèves, mademoiselle de Soyecourt (parente de la princesse de Nassau), possédant une grande fortune, fut touchée d'infortunes supportées avec tant de courage, ennoblies encore par tant de vertu et de mérite; elle déclara qu'elle n'aurait jamais d'autre époux que M. de Saint-Aulaire, modèle des fils. On fit des observations; mais elle fut inébranlable, et eut le bonheur de faire celui de l'homme qu'elle aimait. Peu d'années après cette union, elle succomba à une maladie de poitrine, pleurée de tous ceux qui avaient pu la connaître, regrettant la vie que M. de Saint-Aulaire lui faisait chérir par les soins les plus touchans et l'attachement le plus sincère. Il fut long-temps à se remettre de ce coup affreux ; les caresses de ses filles mêmes ne parvenaient pas à adoucir son chagrin ; ces enfans ressemblaient tant à leur mère, que ce n'était jamais sans amertume qu'il fixait ses yeux sur leurs traits enfantins. Peu à peu la mélancolie remplaça la tristesse dans laquelle il était plongé ; il revit ses amis, dont il s'était même éloigné pour ne pas les affliger de sa douleur, s'occupa de leur être utile ; commença l'éducation de ses filles, et jura que si jamais il se remariait, il choisirait une compagne qui n'eût que peu de fortune, afin d'avoir à son tour le plaisir d'enrichir l'objet de ses affections. Mademoiselle Duroure, douée d'une ravissante figure, d'un caractère doux, d'un esprit vif et solide, fixa son choix ; il la demanda à ses parens, et elle lui fut accordée. Il trouva dans la famille de sa femme tout ce qui devait convenir à un homme comme lui; une belle-mère d'un mérite reconnu, d'une amabilité extrême, et des belles-sœurs charmantes. Passant une grande partie de sa vie dans sa terre, entouré de tous ces êtres chéris, il ne désirait rien, ne sollicitait aucun emploi, et paraissait alors dépourvu de toute ambition.

Il venait sans cesse à Sorel, où sa présence mettait tout le monde en gaîté, il organisait des parties, des courses aux environs, et la journée finissait régulièrement par une veillée dans une de nos chambres, où il racontait de la manière la plus effrayante des histoires de revenans. On éteignait les bougies, on allumait un fagot, dont la flamme brillante s'éteignant peu à peu augmentait encore la frayeur, toujours croissante, qu'inspiraient des récits faits avec art. Je suis sûre qu'au milieu de ses graves et nombreuses occupations, M. de Saint-Aulaire pense souvent à ces cercles autour du grand foyer d'une gothique cheminée; et que quelquefois il regrette ce temps où son éloquence n'était employée qu'à causer à des femmes des émotions violentes, dont il se moquait le lendemain avec grâce, et qu'il inspirait de nouveau le soir. Alors ses paroles étaient recueillies comme aujourd'hui, mais elles n'excitaient point de querelles, et les conséquences en étaient tout au plus un sommeil un peu agité. Sans l'idée qu'il est utile à son pays, je suis persuadée qu'il préférerait les causeries de Sorel aux discours de la chambre, qui trop souvent sont suivis de tumulte et d'aigreur.

M. Joseph d'Estourmel, lié intimement avec lui, ne le quittait presque jamais. Il avait peu de fortune; et trouvait, disait-on, près de son généreux ami tout ce qui pouvait rendre son existence agréable. Je n'ai jamais trop compris quelle sympathie avait pu exister entre deux hommes si différens l'un de l'autre; et je ne l'explique encore aujourd'hui que par le lien qui attache le bienfaiteur à l'obligé.

M. de Saint-Aulaire, tout-à-fait hors de ligne par l'étendue de moyens peu communs, de talens réels, était dénué de toute prétention; tandis que M. d'Estourmel faisant mal un peu de tout, se croyait un être supérieur. Il daignait rarement causer tout haut, persuadé sans doute que le vulgaire n'était pas digne de ce qu'il disait. Il choisissait dans le salon une personne qu'il jugeait capable de l'entendre, et parlait à voix basse de choses très-communes, que nous eussions certainement pu tous comprendre. On le dit instruit, je n'en sais rien, étant alors trop jeune pour apprécier son instruction, qu'il communiquait seulement à ses privilégiés; mais malheureusement je pouvais juger de sa voix, qui n'était point agréable, et de ses dessins qui ne valaient guères mieux. Il avait dans ses manières quelque chose de *mielleux*, qui m'a toujours déplu, parce que je ne crois pas que cette continuelle douceur puisse être franche, et que je préfère mille fois un peu de brusquerie, qui m'assure que l'on ne me trompe point. M. de Saint-Aulaire évitait l'un et l'autre de ces inconvéniens, en ayant le meilleur ton et la politesse la plus recherchée, sans aucune afféterie.

Au reste, M. d'Estourmel (1), fort jeune alors, peut être changé depuis. Remplissant d'honorables emplois, ayant fait un mariage

---

(1) M. Alexandre d'Estourmel, qui fut nommé député sans que l'on sache trop pourquoi, a été long-temps officier dans l'ancienne armée. Pendant toute la guerre

brillant, il peut avoir enfin pris pour modèle celui qu'il aurait toujours dû imiter; il n'avait qu'à ressembler à son ami pour être bien.

meurtrière d'Espagne, en 1808 et 1809, il ne put se rendre à son régiment; il prenait les boues de Saint-Amand.

Je ne sais à quelle occasion il eut un duel, et fut blessé d'une balle reçue dans le ventre. Quelqu'un venant faire une visite à madame la marquise de Coigny, connue par plusieurs bons mots, lui raconta cet événement. Elle s'écria, *comment, il a une balle dans le ventre? mais il l'a donc avalée?* Elle trouvait mauvais, sans doute, qu'un militaire fût loin de son poste dans un moment semblable.

C'est ce même M. Alexandre d'Estourmel qui a composé la musique d'un petit opéra-comique intitulé : *le Procès*, qui fut joué, sans être sifflé, au théâtre Feydeau. Les acteurs, au bout de quelques représentations, ne voulurent plus le représenter, parce qu'il ne faisait pas d'argent. M. d'Estourmel, indigné, dit devant moi : Concevez-vous ces cabotins, qui ne veulent plus jouer mon ouvrage? Il a eu dix représentations, *personne* ne le connaît. Eh bien! ils s'obstinent cependant à le laisser de côté!

On prétend que les musiciens de l'orchestre, voulant s'assurer si la musique était de M. le comte d'Estourmel, changèrent tous les accompagnemens à la répétition générale, et qu'il ne s'en aperçut nullement.

La plus jeune des filles de **M.** de Saint-Aulaire (1) était alors âgée de quatre ans, et d'une singulière intelligence ; elle savait une foule de vers de nos grands auteurs, et les récitait, non comme font en général les enfans, en véritable perroquet, mais avec toutes les intonations qui prouvaient qu'elle comprenait très-bien ce qu'elle disait ; les gestes qu'elle y joignait étaient justes et gracieux. Je n'oublierai jamais combien elle était gentille avec un costume exact de reine de théâtre, et répétant avec un sang-froid imperturbable les rôles de Cléopâtre et de Roxane.

M. Casimir Baëcker, élevé par madame de Genlis, était aussi à Sorel. Son incomparable talent, joint à celui de madame Delarue Beaumarchais, faisait les délices de nos après-dîners. Il était difficile de rien entendre de plus parfait. M. Casimir a sur son instrument une réputation qui me dispense d'en rien dire, puisqu'il a obtenu en public les plus brillans succès à Paris, Londres et Vienne. Mais je veux parler de celui de madame Delarue ; son extrême modestie l'a portée à jouer rarement devant du

(1) Aujourd'hui madame la duchesse Decaze.

monde. Dussek, son maître, assurait qu'elle et madame de Mongeroult lui avaient appris à jouer l'adagio, dont il ne se doutait pas avant de les avoir entendues. Un tel éloge suffit pour faire juger madame Delarue que Baillot accompagnait souvent; et puisqu'il la trouvait digne de faire de la musique avec lui, il fallait que Dussek eût raison dans ses louanges.

Pour peindre madame Delarue, il suffit de dire qu'elle était la femme la plus aimable dans le monde, la plus estimable dans son intérieur. Tout ce qui fait plaire dans l'un, tout ce qui fait chérir dans l'autre, était possédé par elle. Elle avait dans l'esprit tout le piquant de son père, pour lequel elle avait eu l'attachement le plus passionné. Elle portait à sa mémoire la plus tendre vénération, et affectionnait particulièrement ceux qu'il avait aimés. C'est à cette piété filiale que j'ai dû les bontés dont elle a bien voulu m'honorer : mon père avait été l'ami du sien. Ils se rappelaient ensemble les *dîners du jeudi*, donnés, par M. de Beaumarchais, à tout ce que Paris renfermait de gens instruits; et, pour récompenser mon père de ces doux souvenirs, madame Delarue me comblait d'attentions. Je me souviens qu'elle nous conta que lorsqu'il se disait une chose spirituelle à ces dîners, Beaumarchais se levait, et disait : « Ce mot est joli, me le donnez-vous? — Sans doute. — Non, mais sans plaisanterie, me permettez-vous de le placer quelque part, comme de moi? — Mon Dieu oui. — Vous ne réclamerez jamais? — Jamais. — Eh bien, vous le retrouverez un jour. » En effet, plusieurs de ces saillies, admirées par l'auteur, qui en eut lui-même tant d'heureuses, furent admises près des siennes dans *le Mariage de Figaro* et *le Barbier de Séville*. M. de Beaumarchais était le père le plus tendre, l'époux, non pas le plus fidèle, mais le plus plein d'égards pour une femme que j'ai connue encore très-spirituelle, très-bonne, quoiqu'elle fût fort souffrante de violentes douleurs rhumatismales.

Madame Delaruc, depuis l'époque dont je parle, s'est expatriée pour aller seule en Amérique, afin de tâcher de recouvrer des sommes énormes dues à son père. Sa santé déjà délicate a reçu de ce voyage une secousse bien cruelle; le bonheur d'avoir contribué à augmenter le bien-être de ses enfans, la rétablira sûrement ; avec un cœur comme le sien les remèdes moraux peuvent seuls opérer.

J'ai dit dans ce chapitre quelques mots de M. Casimir Baëcker ; il est depuis quelque temps en butte à tant de calomnies, que je crois devoir donner quelques détails sur lui, et sur l'espèce d'adoption de ce jeune homme par madame de Genlis. Faire connaître la vérité lorsqu'elle est honorable, sera toujours le plus doux de mes plaisirs ; je ne saurai jamais me taire que lorsqu'il faudra accuser.

La méchanceté, la mauvaise foi, poursuivent avec acharnement madame de Genlis depuis assez long-temps, pour qu'il doive être permis à la reconnaissance, à la justice, de la faire mieux connaître ; c'est ce que j'ai déjà fait, c'est ce que je ferai encore, dussé-je, en la défendant, m'exposer à l'animosité de ses détracteurs. Ma conscience me dit que je fais bien ; elle me consolera d'une malveillance non méritée, dont je serais digne, si je ne remplissais pas les devoirs qui me sont imposés envers une personne qui m'a été utile dans plusieurs occasions, et qui m'a toujours témoigné une affection tendre. Ses ennemis deviendront peut-être les miens; c'est un héritage que j'accepte, puisqu'aucun motif blâmable n'a pu les lui procurer. Il ne faut pas craindre d'avouer ses amis lorsqu'ils sont accusés faussement; c'est tout ce que l'on pourrait faire, s'ils étaient réellement coupables de ce qui leur est reproché.

Madame de Genlis, étant émigrée, travaillait beaucoup pour subvenir à sa dépense personnelle, à celle que lui imposait le désir de soulager la misère de ses compatriotes privés de ressources, et pour secourir d'autres infortunés qui venaient implorer son appui. Aimant les enfans, ne voulant de distraction que celle que lui causaient leurs jeux, elle demanda qu'on lui envoyât M. Anatole de la Wœstine, son petit-fils, dont elle eût soigné l'éducation. Cultiver ses heureuses dispositions, eût été pour elle la plus grande des jouissances; elle lui fut refusée. Elle désira aussi avoir près d'elle sa nièce, mademoiselle Georgette Ducrest; les parens de cet enfant ne purent se décider à s'en séparer, et madame de Genlis resta seule expatriée, sans autre plaisir que

celui de songer aux êtres qui lui étaient chers.

Le jeune Casimir logeait, à Berlin, dans la même maison que madame de Genlis. S'il recevait quelque punition de son beau-père, il venait se réfugier près d'elle, pour laisser passer l'orage qui le menaçait; il était sûr de trouver là des consolations et des caresses, dont son jeune cœur sut apprécier le charme, et qui lui faisaient oublier ses petits chagrins.

Lorsque madame de Genlis fut au moment de quitter la Prusse, ce pauvre petit se désola tant, qu'elle demanda à la famille Baëcker de lui céder tous leurs droits, et que l'avenir de leur fils serait assuré : on y consentit ; il vint en France avec sa bienfaitrice. Une intelligence et une aptitude rares pour tous les arts lui firent faire de rapides progrès, dans tout ce que voulut lui apprendre madame de Genlis, devenue sa seconde mère et son unique institutrice ; des succès extraordinaires suivirent de près les leçons, et l'attachement s'accrut avec les bons sentimens qui se découvraient dans l'élève. Une des qualités qui attacha le plus madame de Genlis fut celle d'une sincérité qui ne s'est jamais démentie ; il n'a de sa vie fait une fausse caresse ni dit un mensonge. Comme beaucoup de jeunes gens, égaré par une imagination vive, entouré de séductions, il fit des étourderies, il eut quelques écarts, dont il se repentit vite, et dans lesquels il ne retomba jamais.

Une piété sincère et profonde remplaça dans son âme les illusions dont il était guéri, et lui valut le nom d'*hypocrite*, de tous ceux qui, par leur conduite, devant craindre un Dieu juste, mais sévère, préfèrent douter de tout, afin sans doute de chercher à entraîner les autres dans leurs funestes erreurs. On affecta la pitié pour madame de Genlis, dupe d'un nouveau *Tartufe*, qui n'affichait, disait-on, la dévotion, que pour se faire donner, par sa mère adoptive, tout l'argent dont elle pouvait disposer, ses manuscrits, etc. On ne chercha point à savoir si les actions de M. Casimir étaient en rapport avec ses paroles; si, aux dépens de sa vie, il sauvait de pauvres vieillards et des enfans dans des incendies; s'il portait des secours dans des prisons infectées d'un air pestilentiel. Il allait à la messe, entendait des sermons, suivait les missions; donc, suivant l'opinion de certaines personnes, c'était un *véritable monstre* sur lequel il était permis d'inventer et de débiter mille histoires plus infâmes et plus fausses les unes que les autres.

Madame de Genlis, qui l'avait privé des caresses maternelles, qui lui avait fait quitter une existence très-modeste, mais sûre, s'il eût suivi l'état de son beau-père, crut devoir lui en procurer une, en lui vendant à très - bas prix ses manuscrits. Elle se trouvait autorisée à en disposer, n'ayant jamais reçu, pendant sa longue absence, aucun secours de sa famille; ayant abandonné son douaire à sa fille, et dernièrement encore, tout ce qui pouvait lui revenir des indemnités accordées par le gouvernement. L'acte de vente par-devant notaire était en règle; M. Casimir pouvait donc légitimement en profiter, et garder ce qui lui appartenait, ainsi que la propriété également assurée de la réimpression des œuvres de madame de Genlis, après elle, pour laquelle il avait déjà reçu des propositions très-avantageuses.

Pensant qu'il frustrait les héritiers, en conservant ce qui cependant n'était point un patrimoine qui dût leur revenir, il a renoncé, il y a deux ans, *formellement par un acte notarié*, à tout ce qu'il tenait de la générosité de sa bienfaitrice, et l'a rendu en entier à madame de Genlis, trouvant plus délicat de le lui remettre ; mais recevant sa parole qu'elle laisserait par testament cette propriété à madame de Valence et à M. Anatole de la Woëstine. Madame de Genlis en parla à madame de Valence, qui accepta sans hésitation ; M. Anatole de la Woëstine n'a pas voulu entendre parler d'une espèce de restitution à laquelle il ne se trouve aucun droit.

Cette conduite ne saurait étonner ceux qui connaissent les sentimens élevés de M. Anatole de la Woëstine, dont j'aurai occasion de parler plus tard.

Le désintéressement de M. Casimir Baëcker doit être publié, parce que ce seul trait fait tomber tous les sots propos tenus contre lui. Père de trois enfans, il est obligé maintenant de chercher dans ses talens les moyens d'élever sa jeune famille.

M. de Castéja, qui était avec nous à Sorel, était un homme fort spirituel, aimant la table et les plaisirs, et content de tout, pourvu qu'il y eût de bons dîners, et que l'on pût jouer au moins des proverbes. D'une taille très-élevée, d'une énorme grosseur, il avait une grande prétention à la déclamation; et pour nous mettre à même de juger de la perfection de son jeu, il se mit dans la tête de nous faire jouer la comédie. Nous n'avions pas un costume, peu d'acteurs, pas une actrice; cependant il fit si bien que nous nous décidâmes à représenter l'éternelle *Gageure imprévue*, *Défiance et Malice*, et *le Dépit amoureux*. Je fus chargée de différens rôles; une dame d'une extrême complaisance (madame Marlet, femme du peintre) consentit aussi à en accepter; ma mère se résigna à jouer *les utilités*, et nous fûmes bientôt dans tout le mouvement des rôles à apprendre, des répétitions, etc. M. de Saint-Aulaire joua parfaitement les amoureux, M. de Castéja les valets; je fus détestable dans les jeunes premières. Les paysans applaudirent, les personnes de la société critiquèrent sûrement; ainsi tout se passa comme à l'ordinaire dans les troupes de société.

M. Buffile de Brancas, personnage assez insignifiant, proposa cependant une partie intéressante que l'on accepta avec empressement; c'était d'aller coucher à Manicamp, beau château lui appartenant, situé à quatre lieues de Sorel, et à quelques portées de fusil de celui de Fayel, et de la tour de Coucy, que l'on devait visiter. L'on partit à cheval, à âne, en charrette, et le grotesque de la caravane mit de très-belle humeur dès le commencement du voyage. Quelques chutes, qui n'eurent point de suites fâcheuses, augmentèrent la gaîté, et l'on arriva à Manicamp, mourant de faim, de fatigue, mais fort content de ce que l'on avait fait. On se préparait à faire honneur à un souper que l'on s'attendait à trouver délicieux, d'après l'annonce du châtelain, qui, étant fort riche, pouvait aisément tenir ses promesses. Il fallut bien vite changer d'opinion; car les domestiques, peu habitués à voir leur maître recevoir tant de monde, étaient effarés, ahuris, avaient négligé mille choses commandées (c'est du moins ce qui fut dit pour s'excuser) : nous ne trouvâmes qu'un très-modeste repas, à peine suffisant pour satisfaire notre appétit. Ces messieurs étaient révoltés d'une parcimonie d'autant plus ridicule, que nous n'avions fait, en venant, que céder aux instances réitérées de M. de Brancas. Ils proposaient d'envoyer, à Noyon, chercher des provisions pour le déjeûner suivant. Ils offrirent d'aider la cuisinière, enfin ils persifflèrent horriblement notre amphytrion, qui se piqua de réparer ses torts, et dédommagea le lendemain par une abondance qui fit oublier la disette de la veille. Son air triste, en voyant disparaître les plats, vider les bouteilles enfouies depuis longues années dans sa cave, nous faisait rire aux larmes; et je ne conçois pas que tout le monde n'ait pas été malade; car on faisait des efforts inouis pour qu'il ne restât rien de tout ce qui paraissait sur la table.

Le château de Manicamp avait appartenu jadis au duc de Lauraguais, si connu par ses nombreuses aventures, son esprit, sa fortune dérangée, et son originalité anglomane avec excès. Il avait dépensé des sommes considérables, pour mettre son parc à l'anglaise; il avait réussi à faire quelque chose de très-beau. Il est vrai que de très-magnifiques eaux avaient aidé beaucoup à l'agrément de ce lieu.

Les ponts-levis, les énormes cheminées, les grandes tapisseries à personnages, les petites glaces de Venise, les portraits de famille, contrastaient singulièrement avec un jardin moderne. Tout était nouveau à l'extérieur, et, dès que l'on mettait le pied dans le *manoir*, on pouvait se croire au siècle de Henry IV, ce qui donnait un piquant singulier à cette habitation, du reste, fort mal entretenue. L'avarice du propriétaire actuel se faisait sentir à chaque pas ; cette parcimonie serrait principalement le cœur, lorsqu'on rencontrait les habitans misérables d'un pauvre village, couverts de haillons, et portant sur leurs traits flétris tous les symptômes de la plus profonde misère ! En faisant travailler ces malheureux, ils eussent pu nourrir leur famille ; cette propriété se fût embellie, eût produit davantage ; tandis que, faute de soins, elle était en grande partie déchue de ce qu'elle avait été ; et le propriétaire se privait des bénédictions de ces infortunés, et d'une jouissance plus réelle que d'amasser dans des coffres une fortune dont on ne savait pas faire un noble usage.

M. de Brancas possédait une assez belle bibliothèque contenant quelques bons ouvrages, plusieurs manuscrits, et une foule de lettres autographes de Louis XIV, MM. de Louvois, de Lyonne, Rabutin, de mesdames de Sévigné, Maintenon, des Ursins, et autres personnages célèbres de ce beau siècle.

On eut beaucoup de peine à trouver assez de matelas pour nous coucher tous; il fallut mettre à contribution manteaux, pelisses et schalls; pour tenir lieu de couvertures; enfin, c'était un vrai bivouac que notre installation dans ce séjour jadis si magnifique.

Le lendemain on se leva de bonne heure afin d'aller visiter la tour de Coucy et le château de Fayel, appartenant à M. de Castéja, qui nous en fit les honneurs avec sa politesse ordinaire. Sa charmante compagne était à Paris, ce qui n'empêcha pas que l'on ne nous servît un déjeûner qui n'eût pu mieux être ordonné, lors même que la maîtresse de la maison y eût présidé.

Les souterrains de Fayel ont été en partie murés pendant la révolution, les habitans du pays voulant détruire la prison d'une femme retenue prisonnière arbitrairement. On voit que les Picards ont pris les choses vivement et de loin ; ils se sont trompés en imaginant qu'ils anéantissaient le lieu d'une dure captivité, car on assure que Gabrielle de Vergy fut enfermée dans le château d'*Autrey*, et non à Fayel comme la tradition du pays l'affirme.

La tour de Coucy est une belle ruine, et voilà tout; il n'en reste que de gros murs très-épais, qui tombent d'un côté, sont couverts de lierre de l'autre. Ces vestiges antiques plaisent surtout par les idées qui s'attachent à tout ce qui rappelle un amour malheureux. Les femmes dirent là beaucoup de lieux communs; les hommes, par des plaisanteries qui me parurent de mauvais goût, cherchèrent à mettre fin aux réflexions sentimentales de ces dames; l'on revint à Manicamp beaucoup moins satisfait qu'on ne s'y attendait; les unes mécontentes de n'avoir pas attendri par leurs réflexions *romantiques*, les autres contrariés de n'avoir pu faire rire par leurs bons mots sur la constance, la jalousie, etc. Je ne prenais part à aucune de ces petites humeurs; mais je ne concevais déjà pas que l'on pût éprouver autre chose qu'un sentiment pénible vis-à-vis des monumens témoins de tant de gloire et presque entièrement abattus par ce temps qui entraîne tout. Depuis quelques années, nous en avons vu disparaître en si grande quantité, que notre sol sera bientôt veuf de tout ce qui marquait nos plus grandes illustrations. Qui nous assure que dans deux ou trois siècles nos neveux respecteront davantage ce qui devrait perpétuer le souvenir de nos dernières et éclatantes victoires?

M. le duc de Lauraguais, auquel appartenait Manicamp, avait connu beaucoup mon père qui nous raconta de singulières anecdotes sur ce grand seigneur, qui ne se plaisait qu'avec la plus mauvaise compagnie, et qui se vantait de ce goût.

Il le rencontra un jour, se désespérant et s'écriant qu'il était un homme perdu, déshonoré. — Mais qu'avez-vous, M. le duc, que vous est-il arrivé? — Une chose affreuse, horrible. — Avez-vous perdu quelque forte somme au jeu? — Bah, je suis habitué à cela. Bien pis, vous dis-je, un malheur épouvantable. — Vous m'effrayez, je ne sais qu'imaginer, car les chagrins de cœur ne vous touchent guères, et.... — Oh si ce n'était que la mort d'une maîtresse! mais hélas, c'est plus fort que tout cela. Il y a vingt ans que je fais tout ce que je puis pour me ruiner. J'ai déclaré, il y a dix-huit mois, une petite banqueroute, *fort honnête*, fort raisonnable, dont tout Paris parlait; eh bien, ne voilà-t-il pas que ce polisson de Guémené s'avise d'en faire une de quatorze millions! je suis coulé bas; je passerai inaperçu, à présent; on ne parlera pas plus de moi que d'un bourgeois de la rue Saint-Denis. Il faut convenir que je suis bien malheureux!

Quel temps que celui où un duc et pair ne craignait pas d'afficher de tels principes!

Ce même M. de Lauraguais perdit une femme dont il était amoureux; elle mourut de la poitrine. Je ne sais comment il parvint à conserver son corps qui ne fut point enterré, mais que l'on réduisit par des procédés chimiques, et qui devint une espèce de pierre, que M. de Lauraguais fit monter en bague, et qu'il porta toujours depuis. Que l'on dise, après cela, que le dix-huitième siècle n'était pas romanesque!

CHAPITRE XIV.

Projet de mariage pour moi. — Le vice-amiral Sercey. — Son sang-froid dans le danger. — Son fils Eole découvre une île. — Prince de cette île. — Fierté de S. A. — Son adresse à l'arc. — Madame Catalani. — Singulière méprise qu'elle commet envers le célèbre Goëthe. — Madame Grassini. — Elle est attaquée par des brigands sur la route de Naples. — Girodet. — Son goût pour la musique. — Sa manière de peindre. — M. Paër.

Nous prolongeâmes encore quelque temps notre séjour chez madame Dubrosseron, et nous revînmes ensuite à Paris. On s'y occupait d'un mariage pour moi, qui me déplaisait souverainement; je le dis à mes parens, qui, avec leur tendresse accoutumée, me permirent de le refuser.

S'il eût été conclu, j'eusse évité de grands malheurs ; mais, détestant l'homme que l'on me destinait, je n'aurais pu me décider à l'épouser uniquement pour sa fortune et son rang dans le monde, fort au-dessus de ce que je pouvais espérer. Comme toutes les jeunes personnes, j'avais des idées exagérées et fausses sur la nécessité d'avoir de l'amour pour mon mari; et, sans rien calculer, je refusai avec opiniâtreté celui qui joignait l'esprit au caractère le plus honorable. Quelque temps après, je contractai une union, que je croyais capable de faire mon bonheur. Des événemens affreux ont tout bouleversé, et des larmes amères ont été long-temps mon partage. Ce qui m'est arrivé ne peut avoir d'intérêt pour personne, ce qui me fait négliger de donner aucun détail sur des chagrins heureusement sans exemple. Qu'il me soit permis cependant d'assurer ici que j'ai tout pardonné; et de témoigner ma reconnaissance au petit nombre d'amis qui me sont restés fidèles, après des infortunes si grandes, que ma fille même ne pouvait me faire chérir la vie; elle m'empêchait seulement de désirer la mort!

Maintenant que le temps est venu adoucir d'affreuses douleurs, cet enfant me console, me fait bénir le présent, et me fait même entrevoir des plaisirs dans l'avenir; c'est bien là un des miracles de l'amour maternel!

Je retrouvai dans le monde un de nos meilleurs officiers de marine, qui, par son courage, son sang-froid, et aux dépens de sa fortune, a conservé l'Ile de France à la république française. M. le vice-amiral de Sercey avait été parfait pour moi dans mon enfance. Ayant entendu louer généralement son admirable conduite dans des momens difficiles, où tant de gens furent entraînés à agir, en quelque sorte, malgré eux et contre leur volonté, j'étais heureuse des bontés qu'il me témoignait. Froid, sérieux et grave, il racontait cependant fort bien des choses gaies; son honorable caractère ne s'est jamais démenti. Voici un trait qui donnera une idée de sa présence d'esprit dans le moment du plus grand danger.

Étant fort jeune, commençant la carrière où il s'est illustré, il se baignait dans la mer, son vaisseau étant à l'ancre assez près de terre; tout à coup il voit l'équipage se précipiter à genoux sur le pont, et entend qu'on lui crie : *Sercey, un requin!* Il se retourne du côté indiqué par les gestes effrayans de ses camarades, et aperçoit en effet le monstre, qui, assez éloigné encore, se dirigeait vers lui. Ayant l'habitude de sonder les endroits où le vaisseau mouillait, il savait qu'à quelques brassées de là le sable rendait la mer moins profonde; il savait aussi que le requin nage par saccade, et qu'il a besoin de beaucoup d'eau. Il calcula que le seul moyen de lui échapper était de se diriger du côté de la terre, et non du côté de la frégate, du bord de laquelle on lui jetait des cordes. Il nagea avec force; le requin le poursuivit; mais, bientôt trouvant le sable, il s'étourdit à chaque plongeon, ce qui fit gagner du terrain à M. de Sercey, qui, redoublant de zèle, arriva sain et sauf sur le rivage, où il s'évanouit dans les bras d'hommes accourus pour le secourir, et dont les efforts impuissans s'étaient bornés à des vœux ardens pour sa conservation. S'il n'eût pas connu parfaitement la plage, qu'il eût été au-devant des cordes qui lui étaient jetées, il était dévoré; car le requin eût trouvé assez de profondeur pour nager sans obstacles. Cet homme si calme lorsqu'il s'agit de lui, est accessible à toutes les émotions dès qu'il est question de ses enfans.

Son fils aîné, Eole de Sercey, voulant perpétuer la gloire que son nom avait acquise dans la marine, se destina à suivre la vocation qui le portait à cette carrière, dans laquelle il n'avait, pour réussir, qu'à imiter la conduite de son père. M. de Sercey était encore à l'Ile-de-France; et, pour lui communiquer ses projets, son fils s'embarqua sur un vaisseau de guerre français qui s'y rendait. Il fut en route attaqué par une frégate anglaise; il fallut livrer un combat dont l'issue fut quelque temps incertaine. Des deux côtés on se battait avec acharnement; les blessés étaient descendus en grand nombre, et les canonniers français furent particulièrement maltraités. Le jeune Eole, ayant observé les manœuvres, voyant que les pièces étaient mal servies faute d'artilleurs, se mit en devoir de les remplacer, et à lui seul parvint à charger avec rapidité plusieurs canons. Après des prodiges de valeur, la frégate fut prise, et le vaisseau vainqueur entra avec sa capture dans le port où résidait M. de Sercey, qui, espérant recevoir des nouvelles de son fils, vint questionner le capitaine qui lui donna des détails sur les dangers qu'ils avaient courus. « On doit en partie la victoire à un petit enragé qui nous a aidés avec une bravoure et un sang-froid rares. Il a un nom qui doit réussir à la mer : il s'appelle *Eole*. » M. de Sercey ignorait absolument que son fils dût venir à l'Ile-de-France ; mais un pressentiment subit s'empara de l'heureux père, qui en tremblant demande le nom de famille de ce jeune brave. Il acquiert la certitude que son cœur a deviné juste ; il retrouve son fils avec un plus grand plaisir encore, en le sachant digne de lui dans un âge où, en général, on ne peut que concevoir des espérances.

M. Eole de Sercey a obtenu depuis un avancement mérité par une conduite toujours parfaite ; il a découvert dans l'Inde une île, dont il a ramené à Paris le *prince héréditaire*, qui avait conçu pour lui une extrême amitié. J'ai vu cette altesse chez M. de Sercey, qui l'avait accueilli avec une telle bonté, qu'il se soumettait aux petites exigences que dictait à ce mulâtre une inconcevable fierté. Il ne voulait, par exemple, jamais prendre ses repas avec la respectable famille chez laquelle il était traité comme un fils. Il disait, dans un langage dur et désagréable, que comprenait M. Eole, qu'un souverain ne devait jamais s'abaisser à manger avec ses inférieurs. En conséquence, pour ne pas le tourmenter, M. de Sercey avait donné l'ordre de le servir dans sa chambre.

Son teint était cuivré, ses traits applatis, mais moins cependant que ceux des nègres; ses cheveux noirs, gras et plats, assez longs; sa taille peu élevée, mais fortement prise. Ses yeux vifs et pénétrans prenaient une grande expression de douceur lorsqu'ils s'arrêtaient sur les personnes qui lui étaient chères. Il comprenait vite ce que son jeune ami lui expliquait, témoignait une curiosité extrême et un grand désir d'apprendre, et voulait être instruit dans la religion catholique qu'il admirait d'après ce qu'on lui disait des vertus qu'elle ordonne. Le pardon des injures était principalement ce qui lui paraissait le plus difficile et le plus admirable dans nos préceptes.

Il était d'une adresse extrême. Voulant tirer à l'arc, et mécontent de ceux qui se vendent ici, il s'en était fait un avec lequel il atteignait toujours juste, à une grande distance : le meilleur moyen de lui être agréable était de témoigner de l'admiration pour ce talent, le plus recherché dans son pays. Eole devait le reconduire à *la reine* sa mère, au bout de quelques années, afin qu'il prît les rênes d'un empire dont la population était de *six cents âmes* : je ne sais si ce projet a été exécuté.

Madame Catalani arriva, dans ce temps, à Paris, et causa un enthousiasme universel que je ne partageai pas entièrement. Sa voix est sans contredit le plus bel instrument que la nature ait jamais accordé ; mais sa méthode ne me paraît pas à beaucoup près aussi belle que celle de mesdames Pasta, Pisaroni et Malibran. Les difficultés seules ne forment pas le mérite principal d'une cantatrice ; et c'est cependant le genre unique dans lequel madame Catalani m'ait paru remarquable. Elle étonne, mais ne charme pas : ce n'est pas, je crois, atteindre le vrai but de la musique.

Un visage noble, une taille élevée, rendent madame Catalani une fort belle actrice ; sa bienfaisance, sa bonté, la placent au rang des femmes les plus estimables. On cite d'elle plusieurs actions qui doivent la faire généralement respecter, quand on les joint à une réputation qui n'a jamais reçu la plus petite atteinte.

On dit son esprit peu saillant; on cite à l'appui de ce jugement plusieurs traits qui le justifient. On m'a conté qu'étant à Berlin, on l'engagea à dîner avec l'illustre et vénérable Goëthe. Elle demanda de quel instrument il jouait. — D'aucun, madame, lui répondit-on; mais c'est un auteur extrêmement distingué, il a composé des ouvrages admirables, entre autres Werther. — Oh! celui-là, je le connais, il m'a fait le plus grand plaisir. Je serai charmée de voir M. Goëthe, et de lui exprimer la satisfaction qu'il m'a causée.

Le salon se remplit, et on annonce enfin l'écrivain célèbre que le maître de la maison, grand seigneur prussien, s'empresse d'aller recevoir, et de faire placer près de madame Catalani. Elle reçoit de lui des complimens flatteurs sur l'extrême désir qu'il a de l'entendre, sur tout ce qu'on lui a dit de son talent. Ne voulant point être en reste avec un homme remarquable, elle lui parle sur-le-champ de l'effet qu'a produit sur elle *l'incomparable* Werther. Il m'a intéressée au-delà de toute expression, Monsieur, et je regrette bien que vous ne l'ayez pas vu jouer à *Potier*, votre digne interprète. Un éclat de rire général suivit cette singulière phrase, que ne pouvait comprendre Goëthe, ignorant probablement que l'on s'était avisé de parodier la *sentimentalerie* de son roman favori. Je n'atteste pas la vérité de cette anecdote.

Je vis dans le même salon mesdames Grassini et Catalani. J'avoue que l'expressive figure de la première me plaisait infiniment plus que celle, plus régulière peut-être, mais moins agréable, de sa rivale de gloire. Son chant entraînant me paraissait aussi préférable à ce feu d'artifice de traits, dont il ne restait rien après avoir entendu madame Catalani, si ce n'est l'étonnement de ce que des poumons et un gosier pussent résister à de telles fatigues.

Madame Grassini a beaucoup d'esprit et de grâce dans sa manière originale de parler le français. Son accent italien prête un charme infini à ce qu'elle raconte, et l'on serait en vérité fâché qu'elle parlât autrement.

Arrêtée près de Naples par des brigands qui la dévalisaient, elle essaya d'abord de les toucher; voyant que tout était inutile, et qu'ils fouillaient toujours dans tous les coins de sa voiture : « Oh je vous en prie, mes bons brigands, leur disait-elle, prenez tout ce que je *poussède* ; mais laissez-moi, je vous en prie, *oune* chose que j'aime plus que vous ne pouvez faire ; c'est le *pourtrait de noutre cher gouvernement.* Je ne veux pas les diamans, mais laissez-moi *le pourtrait.* » Ils brisèrent et gardèrent en effet l'entourage du médaillon qui contenait le portrait de Napoléon, et lui rendirent cette image chérie; ce qu'elle citait comme le plus beau trait du monde.

Je voyais aussi très-souvent Girodet, dont le talent a été sitôt perdu pour sa patrie qu'il illustrait aussi par un beau caractère, un esprit vif et brillant, et une instruction peu commune. Assez heureuse pour l'avoir reçu chez moi, dans une grande intimité, je puis attester que je ne lui ai jamais entendu dire de mal de ses rivaux. Il rendait justice à tous, et discutait, avec une rare impartialité, le mérite de chacun d'eux. Il parlait peu de lui, moins encore de ses tableaux; mais en revanche, il causait avec plaisir de son exécution sur le violon. Passionné de musique, il en faisait chez lui tous les dimanches, et avouait que rien ne pouvait être comparé à ces concerts dont il voulait être le plus brillant virtuose. « Venez-y un jour, me dit-il en riant, et si vous avez le courage de rester jusqu'à la fin du premier quatuor, je vous déclarerai la plus intrépide femme du siècle. » On m'assura qu'en effet rien n'était si pitoyable que le charivari qui s'entendait pendant quatre heures de suite dans cet atelier plein des chefs-d'œuvre du premier violon. Je préférai conserver ma réputation de poltronnerie, et n'entrer chez Girodet que pour admirer!

Il nous expliqua pourquoi, dans quelques-uns de ses plus beaux tableaux, on a critiqué avec justice, un coloris sombre et verdâtre. Rarement content de ce qu'il faisait, il réfléchissait constamment au moyen de faire mieux. Au milieu de la nuit, saisi d'une espèce de fièvre inspiratrice, il se levait, faisait allumer des lustres suspendus dans son atelier, plaçait sur sa tête un énorme chapeau couvert de bougies, et dans ce comique costume, peignait des heures entières. Peut-on le blâmer de cette bizarre manie, lorsqu'on sait que *le Déluge* et *Endymion* furent peints ainsi? Cette défiance de lui-même, qu'il portait à l'extrême, lui a causé des chagrins très-vifs qui ont, dit-on, commencé à détruire sa santé. Il ne croyait jamais avoir atteint la perfection que tout le monde reconnaissait dans ses immortels ouvrages, et le regret de n'y pas parvenir empoisonnait sa vie. Quelle leçon pour la médiocrité qui, à chaque exposition, assomme le public de tableaux détestables!

Je rencontrais fréquemment le célèbre compositeur Paër dont on admirait alors, avec un véritable enthousiasme, le beau talent pour la composition, la manière dont il accompagnait, et l'inépuisable complaisance qui l'empêchait de se faire jamais prier, quoiqu'il fût souvent bien importuné, par d'indiscrètes demandes, de se faire entendre.

Paër me dit qu'il continuait à aller à la Malmaison; que l'impératrice Joséphine l'avait prié de donner des leçons suivies aux demoiselles Delieu (1), et que leurs dispositions lui fai-

(1) L'une d'elles est devenue madame Dubignon, dont

saient trouver cette mission fort amusante ; qu'il allait tous les mercredis passer trois heures avec elles, et que bientôt ces élèves seraient citées également pour la perfection de leur méthode et la beauté de leur voix.

Il trouvait piquant d'avoir donné des leçons à la mère de Marie-Louise, d'être le maître de chapelle de l'impératrice régnante, et de rester l'ami de Joséphine qui le traitait avec une amitié particulière. En sortant de Saint-Cloud, il se rendait à la Malmaison ; la douceur de ses manières, son esprit, le faisaient également bien recevoir par les deux souveraines. Il me donna beaucoup de détails sur ce qui se passait autour de celle que je regrettais, et j'eus un grand plaisir à en entendre parler par un juste appréciateur de ses nombreuses qualités. Nos conversations n'étaient interrompues qu'avec peine ; c'était un bonheur si grand pour moi de m'entretenir de S. M., que je me rapprochais toujours de Paër pour en parler. Il comprenait mon tendre attachement, car il l'éprou-

---

le talent est généralement admiré. Elle le doit entièrement aux conseils de Paër.

vait aussi, et ne changea rien à sa conduite avec la princesse déchue de sa puissance; sachant très-bien cependant que ce n'était pas un moyen d'être en faveur près de Marie-Louise.

Paër chante le *bouffe* mieux que personne, et sait faire valoir les amateurs qui exécutent avec lui des morceaux de tous les grands maîtres dont il est un des admirateurs le plus passionné. Il est fort rare de voir un compositeur prêter ainsi son appui aux ouvrages des autres, et ne pas se borner aux siens. C'est ce que j'ai toujours vu faire à Paër, rendant parfaitement justice au mérite de ses rivaux. Il eût donc été juste qu'il eût trouvé la même bienveillance pour lui; au lieu de cela, il a constamment été l'objet d'une basse jalousie; et maintenant, les admirateurs de son génie piquant, de ses chants tendres et gracieux, sont obligés de se contenter de les avoir sur leur piano; car le théâtre italien qui pourrait varier agréablement son répertoire en représentant l'*Agnès*, *Camilla*, *Achille*, etc., s'obstinent à ne jouer que les opéras qui depuis huit ans ont seuls le privilége d'être chantés devant une assemblée.

souvent fatiguée d'applaudir les bons chanteurs dans des airs sus par cœur.

Rossini ne peut être pour rien dans ces petites tracasseries de coulisses, qui sont sûrement suscitées par des vengeances particulières de quelques subalternes. Il serait digne de lui de prouver à quel point il est étranger à ces viles intrigues, en employant son crédit à faire monter les opéras de Paër, Carafa, Paccini, etc., et en mettant le public à même d'approuver son caractère, autant qu'il applaudit ses belles productions musicales. La médiocrité peut seule envier les succès des autres ; c'est être assuré que le *grand maestro* écoutera un conseil dicté par l'amour de l'art qu'il a cultivé si brillamment (1).

(1) M. Paër a composé un grand opéra français qu'il ne peut parvenir à faire représenter, quoique la musique en soit fort belle. On a pu en juger en entendant les morceaux principaux exécutés au grand couvert du roi. Il faut convenir cependant qu'un accompagnement de fourchettes, assiettes et couteaux est peu propre à faire valoir cette grande composition ; et qu'il est affligeant, pour les amis des arts, de voir un homme aussi justement célèbre que M. Paër, contraint à user de pareils moyens pour faire connaître ses ouvrages.

CHAPITRE XV.

Poste de gardes nationaux. — Musique de l'état-major. — Le 30 mars 1814. — Inhumanité des habitans des faubourgs envers les malheureux soldats français. — Trait honorable d'un chirurgien. — Lettre que je reçois — Entrée des alliés à Paris. — Cosaques à ma porte. — Cruauté d'un officier russe.

Toutes nos réunions agréables furent suspendues par les nouvelles arrivant du nord. A peine se réjouissait-on de voir nos armées s'être avancées par une suite de succès, jusque dans les murs de Moscou, que l'on eut l'affreuse certitude de l'incendie de cette ville. On présagea tout ce qu'allaient souffrir nos soldats; ce désastre inattendu força à la retraite ces héros étonnés de trouver des obstacles. Chacun tremblait à Paris pour quelque être cher qui faisait partie de la campagne de Russie ; les bulletins se succédaient sans rassurer ; dès-lors tous les plaisirs cessèrent, et les Parisiens furent plongés dans une sorte de stupeur; les ministres, les gens attachés à la cour, donnaient encore des fêtes, pour afficher une sécurité qu'ils n'avaient pas; et essayer d'imposer à la multitude, les yeux tournés vers les dépositaires de l'autorité; mais, malgré tous leurs efforts, l'affreuse vérité parvenait par des lettres particulières, et des familles en deuil prouvaient assez les pertes que nous avions à pleurer.

Toute cette année de 1813 ne me rappelle que des inquiétudes et des regrets qui me sont personnels, et dont je n'entretiendrai pas nos lecteurs. Je vais les transporter au moment cruel où la France, accablée par la masse de toutes les puissances, succomba après tant de victoires.

J'habitais à cette époque un quartier très-éloigné; en face de ma porte on avait établi un poste de gardes nationaux, occupé principalement par des *bizets* qui ne me paraissaient pas très-propres à repousser de notre capitale une invasion, si, comme on commençait à le croire, on était forcé de se défendre contre les armées alliées. Ces braves gens s'amusaient, riaient, buvaient, chantaient, faisaient des rondes avec un zèle dont il fallait leur savoir un véritable gré, puisqu'ils maintenaient l'ordre dans Paris privé presque de troupes ; mais leurs armes étaient en mauvais état, tellement qu'un jour le feu ayant pris dans une cheminée, il fut difficile de trouver un fusil qui pût tirer dans le tuyau (1).

(1) Pour se dispenser de monter la garde, les artistes les plus distingués de la capitale s'engagèrent dans la musique de l'état-major, dont Méhul, Cherubini, Berton et Paër étaient capitaines. Nicolo était clarinette, Boyeldieu *chapeau chinois*, Nadermann *grosse caisse*, Tulou fifre, etc. Tous ces admirables talens frappant, soufflant à qui mieux mieux, formaient une cacophonie épouvantable ; en entendant ces sons discordans, on eût été loin de croire que les parties fussent confiées aux hommes les plus distingués dans l'art musical. Ils s'amusaient beaucoup les jours de service ; j'ai entendu étudier avec un zèle infatigable *le serpent*, ce qui m'a donné pour cet instrument une véritable antipathie : il me rappelle un des temps les plus douloureux pour la France.

Plus les alliés approchaient, plus les inquiétudes devenaient vives, malgré toutes les protestations prodiguées par les journaux pour assurer que les mesures étaient prises pour repousser l'ennemi. Tous les jours les gardes nationaux offraient de mourir ou de contribuer à la délivrance de la patrie; et nous étions en quelque sorte persuadés qu'en effet l'empereur avait pris les moyens de fondre sur les troupes étrangères, au moment où elles se croiraient sûres du triomphe. Depuis tant d'années on était habitué à voir réussir Napoléon, que la défiance eût été presque une ingratitude.

Le 30 mars nous fûmes réveillés par l'effrayant bruit du canon qui grondait avec force près des hauteurs de Saint-Chaumont dont ma maison était peu éloignée. Hors de moi, je prends dans mes bras mon fils qui dormait dans son berceau, et je descends éperdue dans la rue pour savoir des nouvelles. Tous les habitans, pâles, défaits, questionnaient les gardes nationaux que l'on croyait mieux instruits, et qui faisaient encore bonne contenance. « Le roi Joseph est à Montmartre; il

» vient de nous faire dire que tout allait bien,
» que les Cosaques étaient repoussés par nos
» troupes occupant les hauteurs. Les élèves
» de l'école Polytechnique se sont offerts pour
» servir l'artillerie; leur ardeur augmentera
» celle de nos soldats; cette défense donnera
» le temps à Napoléon de venir à notre secours;
» dès qu'il paraîtra nous serons sauvés; ainsi
» soyez tranquilles, et vive l'empereur! vive
» l'empereur! » s'écria-t-on avec force.

Peu d'heures après, plusieurs obus tombèrent dans la rue; les gardes nationaux s'empressèrent de quitter leur poste, jetèrent leur guérite même dans un puits, et s'enfuirent chacun chez eux, pour rassurer leurs familles, et défendre du pillage leurs propriétés.

Effrayée au-delà de l'expression d'être si près du lieu du combat, je me décidai à aller demander un asile à des amis que nous avions au faubourg Saint-Germain. Je recommandai aux domestiques de ne rien refuser aux ennemis qui allaient sans doute commencer leurs vexations par les faubourgs; je laissai les clefs de tout, convaincue que moins on leur résisterait, moins ils feraient de mal; et je partis la mort dans l'âme, à pied, en camisole, en bonnet de nuit, sans réfléchir que j'allais traverser ainsi tout Paris, portant dans mes bras mon enfant, qui s'amusait beaucoup de tout le mouvement qu'il observait autour de lui. En disant adieu à des lieux où j'avais connu le bonheur, où je ne comptais plus revenir sans y trouver une dévastation générale, je pleurai amèrement; alors les petites mains de mon fils essayèrent d'essuyer mes larmes; voyant qu'il ne pouvait réussir, il sanglottait aussi, en répétant : « Mais, maman, Dieu est bon; il tuera » les méchans, et nos bons soldats battront ces » vilains cosaques qui *mangent les petits en-* » *fans* (1). » Au moment où il achevait cette phrase, nous arrivions à la rue de Rochechouard, où le plus horrible spectacle s'offrit à nos yeux. Notre malheureuse armée rentrait dans Paris. Les figures vénérables des anciens soldats portaient l'empreinte du plus sombre désespoir. Blessés, harassés de fatigue, ils tombaient de cheval, imploraient un morceau de

---

(1) Un grand nombre de proclamations de ce temps contenaient ces mots.

pain, un verre d'eau; et, le croirait-on? des femmes refusaient de leur accorder ce faible secours, et s'empressaient de fermer précipitamment leurs portes. Ces héros trahis par la gloire l'étaient aussi par l'humanité; et leurs compatriotes mêmes les contraignaient à sentir davantage le malheur d'une défaite.

Je gémis alors d'être partie si précipitamment; quelques pièces de monnaie m'eussent, dans cet instant, paru un vrai trésor; mais je n'avais que des pleurs à offrir : du moins je ne les refusai pas à l'infortune; un pauvre dragon languissait à terre, épuisé par le sang qui s'échappait à gros bouillons d'une blessure profonde; son manteau blanc en était couvert; j'ai toujours eu la faiblesse de ne pouvoir supporter la vue d'une plaie sans me trouver mal; dans ce moment, je me sentis au contraire une force extraordinaire, je me précipitai à genoux près du blessé; j'arrachai le fichu qui couvrait le cou de mon fils pour en faire une bande; je chargeai ce pauvre enfant, qui tremblait horriblement, de soutenir ce bras désarmé, ouvert en plusieurs endroits, et je me préparais à panser le mieux possible ce jeune soldat, lorsqu'un homme âgé prend la batiste dont j'allais me servir, et me dit brusquement : « Vous vous y prenez mal; je ferai mieux; c'est mon métier. » Sans perdre de temps il coupe la manche, pose un appareil sur cette blessure, fait avaler quelques gouttes spiritueuses à mon protégé, lui glisse une pièce d'or dans la poche, et disparaît aussi promptement qu'il s'était approché, sans doute pour aller porter ailleurs ses utiles soins et ses secours. Le dragon ouvrit les yeux, me remercia d'un regard de la pitié que je lui témoignais, et fut placé par les ordres d'un officier sur une charette qui devait le conduire à l'hôpital.

Je regrette de ne pouvoir désigner d'une manière précise le chirurgien dont je viens de parler; j'étais trop troublée pour lui demander son nom; et à la précipitation avec laquelle il nous quitta lorsqu'il n'eut plus rien à faire, je suis persuadée qu'il eût refusé de se nommer. Il lui suffisait de faire le bien, sans chercher à recueillir le fruit d'une bonne action. Son exemple changea les dispositions de plusieurs des habitans témoins de sa bienfaisante compassion; et avant de quitter cette scène d'horreur, j'eus la consolation de voir plusieurs soldats secourus et soignés.

J'étais si fatiguée, si émue, que je pouvais à peine me soutenir; heureusement, je trouvai un cabriolet, qui me conduisit chez mes amis; j'y arrivai dans un état impossible à décrire, et tellement effrayée, que je ne remarquai pas le calme qui régnait dans cette partie de la ville. Je ne fus pas frappée davantage de l'air tranquille de l'honnête famille chez laquelle je venais demander un refuge. « Que vous est-il arrivé? me demandèrent à la fois les trois filles de la maison. Vous avez du sang à votre jupon, à votre camisole, à vos mains; vous êtes d'une inconcevable pâleur; au nom du ciel, parlez, qu'avez-vous? » J'écoutais sans entendre, je regardais sans voir, et je serrais mon fils avec une violence telle, qu'on ne pouvait l'ôter de mes bras. N'obtenant point de réponse de moi, on s'adressa à lui, qui raconta d'une manière enfantine, mais expressive, les événemens qui me causaient cette terreur si vive. Son langage naïf apprit que les ennemis étaient à nos portes; et ce fut la bouche d'un enfant de trois ans qui annonça le bombardement de Paris, ignoré encore rue de Bourbon !

Peu de minutes après arriva le reste de ma famille, qui nous apprit que l'on pensait qu'une capitulation allait être signée ; qu'au reste nous aurions des détails le soir, mon domestique devant m'apporter une lettre d'un de nos voisins, qui m'écrirait positivement ce que l'on aurait appris.

Toute la journée s'écoula dans l'incertitude la plus affreuse. Plusieurs personnes qui vinrent voir madame R... apportèrent des nouvelles contradictoires toutes plus effrayantes les unes que les autres, elles ne s'accordaient que sur un point, c'est que les Français étaient battus. En fallait-il plus pour autoriser le désespoir où nous étions plongés ?

Enfin, à huit heures, je reçus de mon obligeant voisin la lettre suivante, que je copie textuellement :

« *Le sac* de Paris n'est pas présumable, Ma-
» dame ; tout est calme autour de nous. On
» assure que le duc de Raguse a signé une ca-
» pitulation avantageuse avec les souverains
» alliés. Montmartre est couvert de leurs trou-

» pes; nous voyons leurs feux, nous entendons
» leurs cris de *houra*. Ils ont fait demander
» des violons pour danser; ils payent tout,
» et l'on prétend que la discipline la plus sé-
» vère leur est ordonnée, sous peine de puni-
» tions graves. Vous avez à votre porte vingt-
» cinq cosaques couchés par terre. M. de Font-
» vanne, qui est venu ce soir savoir de vos
» nouvelles, en a heurté plusieurs; ils se sont
» paisiblement dérangés. A chaque bout de la
» rue, on a placé une pièce de canon, bra-
» quée sur la ville, afin d'intimider le peuple;
» il ne songe qu'à se remettre d'alarmes bien
» vives. On prétend encore que demain matin
» quarante mille hommes entreront dans Paris,
» ayant l'empereur Alexandre à leur tête. Je
» vous le répète, Madame, tout est tranquille;
» vos gens soignent votre maison, que vous
» retrouverez intacte. Revenez demain près de
» vos amis, qui comprennent vos frayeurs
» maternelles, heureusement sans fondement.
» Ma femme est aussi revenue, et vous attend. »

» Paris, ce 30 mars soir 1814. »

Cette lettre nous rassura, et nous décidâmes

qu'en effet nous retournerions le lendemain dans notre faubourg.

Nous prîmes congé de la respectable famille qui voulait encore nous retenir, et montés en fiacre, nous nous dirigeâmes, par la rue Montmartre, vers la rue de Rochechouart, devenue aussi paisible qu'elle était la veille animée et bruyante par le passage d'une partie de notre armée. Arrivés au boulevard, nous éprouvâmes un serrement de cœur bien pénible en voyant s'avancer à toute bride un cosaque irrégulier d'une hideuse figure, qui, dans un baragouin inintelligible, nous défendait de passer. Notre cocher, ne le comprenant pas, voulut continuer sa route; mais une longue lance, dirigée sur lui, lui fit entendre très-clairement qu'il ne devait point avancer: il s'arrêta. L'armée russe défilait; sa tenue était belle; tous les schakos ornés de rameaux verts, et chaque soldat portant une écharpe blanche au bras gauche, en signe de paix. Les fenêtres étaient garnies de femmes élégantes, les allées en étaient pleines, et des cris de joie se faisaient entendre là où n'eussent dû être recueillis que des gémissemens! car, enfin, ces vainqueurs que l'on applaudissait avec enthousiasme, avaient peut-être plongé le fer brillant de leurs armes dans le sang des frères, des époux, des fils de ces admiratrices d'un jour !

On devait sans doute savoir gré à l'empereur Alexandre du caractère qu'il montrait, de la protection qu'il accordait aux vaincus; mais il eût souillé sa victoire s'il eût agi autrement ; et cette population toute entière qui se portait en foule sur ses pas pouvait se révolter en masse si elle eût été accablée par de mauvais traitemens. Il fallait bénir en silence la magnanimité du souverain qui savait contenir ses troupes avides de pillage; mais c'était chez soi, dans le sein de sa famille, qu'il était permis de lui adresser des actions de grâces, et non en faisant de son entrée dans la capitale de la France un triomphe, dont le peuple était l'instrument et le plus bel ornement. Attristés de voir notre police faite par des étrangers, nous étions tous enfoncés dans la voiture ; le cocher jurait, et très-énergiquement donnait de fort bonnes leçons aux Parisiens, qui couraient comme des fous aux lieux qu'ils eussent dû fuir.

Nous vîmes des peintres effacer promptement les aigles, les abeilles, placées sur les boutiques des fournisseurs de l'empereur; des menuisiers abattaient à coups de hache les signes d'une puissance à peine déchue; on ne savait encore quelle serait celle qu'il faudrait encenser; mais on n'ignorait pas ce qu'il fallait détruire.

A midi, les troupes étaient toutes défilées; nous pûmes rentrer chez moi; plusieurs amis nous attendaient, et nous apprirent que l'on parlait du retour des Bourbons. Mes parens désiraient la confirmation de cette nouvelle. Vingt ans de malheurs leur donnaient le droit d'espérer le bonheur. Revoir la famille pour laquelle ils avaient tout sacrifié devenait le prix d'un long dévouement; je partageais leurs espérances sans oser trop m'y livrer; et au milieu de ce bouleversement général, je songeais à l'impératrice Joséphine. Je fus aux informations; et je recueillis quelques détails rassurans, que je donnerai dans le chapitre suivant.

CHAPITRE XVI.

Nouveau trait de bonté de l'impératrice.—Départ de la Malmaison pour Navarre à la fin de mars 1814.— Sa voiture casse.— Sa frayeur. — Billet de l'empereur.

Joséphine allait souvent au-devant des occasions qui pouvaient lui procurer les moyens d'être utile aux personnes même les plus pauvres ; enchantée de pouvoir leur rendre service, elle jouissait ensuite de tout le bonheur qu'elle leur avait procuré.

On était à la fin du mois de mars 1814, peu de jours avant le voyage qu'elle fit au château de Navarre. Se trouvant un matin dans un des pavillons de la Malmaison qui bordent la route, elle vit passer sous la fenêtre une de

ces femmes généreuses qui font vœu de s'ensevelir dans un hospice pour y consoler les pauvres et y soulager les malades. Joséphine l'appelle : « Ma sœur, d'où venez-vous de si
» bonne heure? — De Saint-Germain, ma-
» dame, lui répond la modeste religieuse, te-
» nant un chapelet à gros grains noirs, qu'elle
» semblait dire avec ferveur. — Vous avez déjà
» fait bien du chemin, vous en reste-t-il en-
» core beaucoup à faire? — Je compte aller
» jusqu'à Paris, mais peut-être resterai-je à Nan-
» terre, parce que je crois que ma démarche
» serait inutile, ne connaissant personne à la
» direction. — Quelle direction? vous avez
» donc des affaires avec quelques directeurs
» généraux? — Mes affaires sont celles de notre
» hôpital qui est fort au dépourvu dans ce
» moment. J'ai ouï dire à nos médecins qu'on
» avait saisi des toiles anglaises, et que M. Cous-
» tard Saint-Lô les faisait distribuer dans les
» hôpitaux militaires : je désirerais bien qu'on
» nous en cédât quelques pièces pour faire des
» draps; nos malades n'en ont pas dans leur
» lit. — Comment donc ! ce serait une fort
» bonne œuvre; mais vous ne connaissez pas

» M. Coustard; si vous le voulez, je vais me
» charger de votre commission auprès de lui.
» — Je n'oserais, Madame, prendre la liberté
» de vous en prier, mais, sans doute, votre
» recommandation fera plus que la mienne,
» et vous rendrez un grand service à nos bles-
» sés, on nous en amène tous les jours. — Eh
» bien! comptez, ma sœur, que je vais m'oc-
» cuper de suite et de l'hôpital et de vous. »

La religieuse continue sa route pénétrée de reconnaissance pour l'aimable inconnue qui vient de lui témoigner tant de bonté; à peine a-t-elle fait quelques pas qu'elle se reproche de n'avoir pas cherché à savoir son nom. Elle se retourne, voit Joséphine qui était restée à la fenêtre du pavillon et qui la suivait des yeux : « Pardonnez, Madame, lui dit la
» sœur, à la curiosité qui me ramène, je vou-
» drais bien savoir qui est celle qui nous ho-
» nore d'une protection si généreuse? Je crois
» le deviner, mais..... — Oui, lui dit l'impé-
» ratrice en souriant d'un air plein de douceur:
» c'est la pauvre Joséphine..... mais n'en dites
» rien à personne. — Oh non, Madame, nous
« savons depuis long-temps, que vous n'aimez

» pas que l'on parle du bien que vous faites.
» Puisque c'est à la mère des affligés que je m'a-
» dresse, je ne crains plus d'être indiscrète par
» des demandes pour les êtres qui souffrent.
» Nous avons bien peu de charpie, si Votre
» Majesté daignait..... — Je vous en promets;
» *nous en ferons.* »

Depuis ce temps, les soirées de la Malmaison furent employées à faire de la charpie, et l'impératrice ne fut pas une des ouvrières les moins actives.

Depuis plusieurs jours Joséphine n'avait reçu aucune lettre de l'empereur. Elle prévoyait mille malheurs; elle interrogeait avidement tous ceux qui arrivaient de Paris : il lui semblait qu'elle allait recevoir d'eux quelques renseignemens importans. Elle faisait des questions sans suite, et ne répondait pas à celles qui lui étaient adressées; toute son âme était bouleversée, et ses yeux humides de larmes.

Lorsqu'elle eut connaissance des préparatifs de départ que faisaient son beau-frère Joseph et l'impératrice Marie-Louise pour Blois, où il avait été décidé dans le dernier conseil que la régence devait être établie, elle ne douta pas un seul instant que de nouvelles catastrophes ne menacassent Paris. Elle résolut de fuir au plus vite; mais troublée mortellement par la crainte d'être livrée aux ennemis de Napoléon, elle flottait incertaine sur la retraite qu'elle devait choisir. Enfin elle se détermina à prendre le chemin de Navarre.

Le 29 mars, après avoir donné l'ordre aux gens de sa maison de tout préparer pour se rendre à ce château, elle partit en toute hâte à huit heures du matin, par un temps froid et pluvieux.

Joséphine quitta sa demeure chérie de la Malmaison dans un tel état de désespoir, que tous ceux qui l'environnaient eurent toutes les peines du monde à calmer ses craintes; déjà elle avait entendu ces cris d'alarme : *Voici les Cosaques !* En effet leur arrivée dans un village était toujours suivie de sa ruine et de la désolation de ses malheureux habitans.

A dix lieues de la Malmaison l'essieu de la voiture de S. M. se rompit au milieu de la grande route; il fallut absolument s'arrêter. Tandis que l'on réparait la berline, Joséphine aperçut de loin un détachement de hussards qu'elle prit pour une colonne de Prussiens; s'imaginant que ces soldats étaient envoyés pour suivre ses pas, elle s'effraya à un tel point qu'elle se mit à fuir à travers champs, croyant qu'on voulait l'enlever de force; mais un de ses valets de pied, *l'Espérance*, qui avait reconnu dans cette petite troupe l'uniforme du troisième régiment de hussards, courut après elle, et l'atteignit à une distance de trois cents pas, livrée à toutes les angoisses du désespoir, et la tête presque égarée. On continua cependant le voyage sans aucune fâcheuse rencontre.

Quelles durent être les tristes et douloureuses réflexions qui l'agitèrent en franchissant le seuil d'un château où elle croyait avoir tout à craindre. « Hélas! (dit-elle à madame de
» Remusat qui était assise à côté d'elle) Bona-
» parte ignore sans doute ce qui se passe aux
» portes de Paris; s'il le sait, son âme doit être
» dans un cruel état. »

Ses dames remarquèrent, qu'une fois arrivée à Navarre, elle recherchait la solitude, et s'enfermait souvent seule pour relire des lettres soigneusement enfermées dans son grand nécessaire de voyage. Une de ces lettres ne la quittait pas, et lorsqu'elle avait cessé de la lire et de la regarder attentivement, elle la cachait dans son sein (1).

Si le bruit de l'approche des troupes alliées avait pénétré à la Malmaison, il ne retentit pas moins dans l'enceinte du château de Navarre, où tout le monde gémissait sur les désastres survenus à Napoléon. Cependant tout espoir n'avait point abandonné Joséphine; elle comptait sur la bravoure et les talens du duc de Raguse, à qui la défense de Paris avait été confiée. La situation de S. M. devenait à tout moment de plus en plus fâcheuse; elle ignorait ce qu'elle avait à craindre ou à espérer. Les

(1) C'était le dernier billet que l'empereur lui avait écrit de Brienne, dans lequel il lui disait, entre autres choses : «..... En revoyant ces lieux où j'ai passé ma » première enfance, et comparant l'état paisible où » j'étais alors à l'agitation et aux terreurs que j'éprouve » aujourd'hui, je me suis dit bien des fois : j'ai cherché » dans plusieurs combats à rencontrer la mort: je ne » puis plus la redouter ; elle serait aujourd'hui un bien- » fait pour moi...; mais je voudrais revoir une seule » fois Joséphine ! »

personnes qui l'avaient suivie ne purent enfin lui cacher que la capitale avait cédé, que les trois monarques y avaient fait leur entrée, et que Napoléon s'était retiré à Fontainebleau (1).

En apprenant la terrible catastrophe qui venait de décider de la fortune à venir de l'empereur, Joséphine se trouva mal; un morne silence régna autour d'elle, toutes ses dames

(1) Voici une lettre que Napoléon lui écrivit de cette ville.

A l'impératrice Joséphine à Malmaison.

Fontainebleau, 16 avril 1814.

CHÈRE JOSÉPHINE,

Je vous ai écrit le 8 de ce mois (c'était un vendredi); et peut-être n'avez-vous pas reçu ma lettre, on se battait encore, il est possible qu'on l'ait interceptée; maintenant les communications doivent être rétablies. J'ai pris mon parti je ne doute pas que ce billet ne vous parvienne.

Je ne vous répéterai pas ce que je vous disais; je me plaignais alors de ma situation, aujourd'hui je m'en félicite, j'ai la tête et l'esprit débarrassés d'un poids énorme; ma chûte est grande; mais au moins elle est utile, à ce qu'ils disent.

Je vais dans ma retraite substituer la plume à l'épée. L'histoire de mon règne sera curieuse; on ne m'a vu que de profil, je me montrerai tout entier. Que de choses n'ai-je pas à faire connaître! Que d'hommes dont on a une fausse opinion!.. J'ai comblé de bienfaits des milliers de misérables! qu'ont-ils fait dernièrement pour moi?...

Ils m'ont tous trahi, oui, tous; j'excepte de ce nombre ce bon Eugène, si digne de vous et de moi. Puisse-t-il être heureux sous un roi fait pour apprécier les sentimens de la nature et de l'honneur!

Adieu, ma chère Joséphine; résignez-vous ainsi que moi, et ne perdez jamais le souvenir de celui qui ne vous a jamais oubliée et ne vous oubliera jamais. Adieu, Joséphine.

NAPOLÉON.

P. S. J'attends de vos nouvelles à l'Ile-d'Elbe : je ne me porte pas bien.

pâles et consternées semblaient succomber d'abattement et de douleur. Peu à peu revenant à elle et reprenant ses forces : « Ce n'est
» pas ici que je dois rester, s'écria Joséphine,
» c'est auprès de l'empereur que ma présence
» est nécessaire; je dois remplir ce qui était le
» devoir de Marie-Louise plus que le mien;
» l'empereur est seul, abandonné... Eh bien!...
» je lui resterai. Je ne savais être séparée de lui
» que lorsqu'il était heureux. Maintenant je suis
» sûre qu'il m'attend. » Et des pleurs s'échappèrent de ses yeux et vinrent soulager son âme abîmée par tant de souvenirs et de chagrins amers. « Cependant, dit-elle à M. de
» Beaumont, vous resterez ici avec moi, jusqu'à
» ce que les souverains alliés m'aient fait savoir
» leur intention à mon égard; je les connais, ils
» rendront à l'épouse délaissée de Napoléon les
» hommages qu'elle a droit d'en attendre. »

Pendant le court séjour qu'elle fit à Navarre, elle écrivit beaucoup sans prendre aucune espèce de délassement; elle faisait ordinairement deux promenades par jour dans le parc : le matin elle était toujours seule, et l'après-dîner accompagnée d'une de ses dames. La conversation roulait habituellement sur la situation politique de la France, et sur Napoléon, dont elle se plaisait à raconter des anecdotes qu'elle seule connaissait; mais à la fin de sa promenade elle paraissait accablée sous le poids d'une douleur concentrée, et finissait toujours par ces mots prononcés avec un soupir: *Ah! s'il m'avait écoutée!*

Quelques jours après son arrivée à Navarre, elle reçut une invitation de se rendre aux vœux que les souverains alliés manifestaient de la voir à la Malmaison. Ces marques d'une considération si méritée l'émurent jusqu'aux larmes : elle hésita cependant à partir, persuadée que la première épouse de Napoléon devait désormais rester invisible à tous les yeux. De hautes et puissantes considérations (celles de l'intérêt et de la conservation de sa famille), la firent quitter sa retraite pour revenir faire les honneurs de la Malmaison (1).

Son émotion fut extrême en revoyant ces lieux qu'elle chérissait à de si justes titres. Déjà une garde d'honneur veillait autour d'elle;

(1) M. le duc de Berry, en arrivant à Caen, songea que l'impératrice devait être inquiète des événemens

ses propriétés avaient été respectées, et le lendemain de son arrivée, elle se trouva, pour ainsi dire, au milieu d'une nouvelle cour, embellie par les personnages les plus marquans de l'Europe.

qui se succédaient avec une si grande rapidité, et pour la rassurer, il envoya sur-le-champ M. le comte de Mesnard, (qui ne l'avait pas quitté en émigration,) à Navarre, afin de demander à Joséphine, si elle voulait une garde d'honneur ; et l'assurer qu'il serait charmé de faire tout ce qui pourrait lui être agréable, ayant pour elle autant de respect que d'admiration.

M. le comte de Mesnard, mon ami, m'a raconté cette preuve de bonté d'un prince dont les brillantes qualités sont appréciées plus encore depuis son héroïque mort. M. de la Féronnays envia à M. de Mesnard d'être chargé d'une mission qui le mettait à même de voir une femme généralement aimée. A quelques lieues de Navarre, M. de Mesnard apprit qu'elle était partie pour la Malmaison ; il eut, m'a-t-il dit, un véritable regret de n'avoir pu s'acquitter d'une commission également honorable pour celui qui la donnait, et la personne à laquelle elle s'adressait.

M. le comte de Mesnard, si dévoué à monseigneur le duc de Berry, est maintenant premier écuyer de S. A. R. *Madame* ; il est impossible de remplir une place importante avec plus de zèle, d'avoir un caractère plus honorable et des manières plus dignes du choix qui a été fait de lui.

CHAPITRE XVII.

Entrée de M. le comte d'Artois à Paris. — Enthousiasme qu'elle excite. — Celle de Louis XVIII et de Madame, duchesse d'Angoulême. — Réflexions à ce sujet. — La vieille garde. — Représentations auxquelles assiste la famille royale. — L'empereur Alexandre. — Le roi de Prusse. — L'empereur d'Autriche. — Anecdotes sur l'empereur de Russie. — Il va au Théâtre-Français avec le roi de Prusse. — Talma. — Injustice commise envers lui.

Peu de jours après l'entrée des alliés, il fut connu que la famille des Bourbons régnerait de nouveau sur la France; un enthousiasme extrême se manifestait pour elle, on attendait avec impatience l'arrivée de M. le comte d'Artois, qui eut lieu le 12 avril, par le plus beau temps du monde. Je partageais la joie générale : depuis ma naissance, j'avais vu mes parens regretter leur souverain légitime; le désir de retrouver pour moi une partie de leur fortune, qu'ils imaginaient pouvoir leur être rendue, avait pu seul les déterminer à rentrer en France. N'ayant occupé aucune place sous l'empire, mon père avait conservé ses opinions: il jouissait des succès de la France, de son affranchissement, de la gloire de nos armées; mais il gardait ses affections aux Bourbons. Ils allaient nous être rendus; toutes les peines de l'exil étaient oubliées; le sort de ceux que j'aimais allait être tel que je le désirais; déjà j'étais heureuse, puisque j'espérais.

Mon père et moi trouvâmes une fenêtre dans le faubourg Saint-Denis, de laquelle nous pûmes admirer le brillant cortége qui entourait M. le comte d'Artois, et jouir de l'expression de bonheur répandue sur la noble figure de ce prince, dont les manières affables gagnaient tous les cœurs. On remarquait près de lui les maréchaux, les généraux les plus marquans de la nouvelle France; et cet entourage annonçait ce que nous avons vu depuis, la réunion de tous les partis.

M. le duc de Rovigo, dans ses Mémoires,

prétend que la curiosité seule attirait une foule innombrable dans toutes les rues dans lesquelles devait passer Son Altesse royale. Je crois que la reconnaissance que porte M. de Rovigo à son bienfaiteur, et le regret de le voir si vite oublié par ceux qu'il avait comblés de faveurs, lui a fait mal envisager la scène du 12 avril. L'ivresse fut universelle. Je crois aussi qu'il s'est trompé en assurant que les gens des équipages portaient encore la livrée de Napoléon; car je me souviens que je m'étonnai de la promptitude avec laquelle on avait pu peindre des voitures aux armes royales, et faire les habits de tous ceux qui devaient servir le prince. La livrée était verte en effet; mais celle de *Monsieur* était de cette couleur. Les acclamations les plus bruyantes suivirent partout S. A. R., et les couplets de circonstance furent accueillis à tous les spectacles avec des transports unanimes. On était las de guerre; fatigué, en quelque sorte, d'une gloire qui coûtait des milliers de Français, moissonnés presque dans leur enfance. On voulait la paix, les Bourbons l'apportaient; on les bénissait donc.

Le roi arriva le 3 mai (et non en avril, comme

le dit M. de Rovigo). Sa belle tête, blanchie avant l'âge, inspira un respect profond. Madame la duchesse d'Angoulême était près de celui qu'elle avait consolé dans le malheur; sa vue imprimait un caractère de solennité sévère à cette entrée, qui comprimait l'élan du peuple. Comment oser se réjouir en pensant que la fille du roi entrait dans le tombeau de son père? qu'elle allait passer devant la prison de sa mère, et que des fenêtres de son appartement elle découvrirait la place où se commit le plus grand crime de la révolution?

La profonde tristesse, empreinte sur ses traits, se communiquait à tous ceux qui se souvenaient des malheurs sans nombre qui l'avaient accablée, et que les lieux qu'elle parcourait allaient lui rappeler. Le vieillard témoin de tant de souffrances, les contait avec attendrissement à ses voisins plus jeunes et plus heureux que lui, puisqu'ils n'avaient point vu des cruautés dont le récit suffisait pour les faire frissonner. Il y eut donc beaucoup moins de témoignages bruyans de la satisfaction publique, ce jour là, qu'à l'arrivée de Monsieur; mais l'expression douloureuse de toutes les figures, témoignait, ce me semble, autant les sentimens du peuple, que les acclamations tumultueuses dont, depuis vingt ans, il s'était montré si souvent prodigue. Il est beaucoup plus aisé d'exciter son admiration, son enthousiasme, que de le toucher. De belles actions, des fêtes agissent sur l'imagination vive des Français, excitent facilement ces cris de bonheur; mais ce respect dû au malheur, cette vénération pour la vertu viennent du cœur; voilà pourquoi il est plus difficile de l'obtenir des personnes que leur éducation endurcit et rend inaccessibles aux douces émotions, dont les gens du monde sont si susceptibles.

Des détachemens de la vieille garde précédaient la calèche du roi; ils furent accueillis par des applaudissemens redoublés et les cris mille fois répétés de *vive la garde*. Ces vieux et braves soldats étaient sérieux, calmes, ils regrettaient leur chef qui les avait associés à ses nombreux triomphes; il eût été injuste de leur demander autre chose alors que de la soumission et du respect. On devait être sûr que de tels hommes deviendraient dévoués, dès que la France les réclamerait de nouveau. La campagne d'Espagne (1) a prouvé la vérité de ce jugement. Là, comme en Italie, comme en Allemagne, comme en Russie, ils ont tout oublié, hors le désir de se distinguer encore, comme si leur réputation eût été à faire.

Tous les théâtres firent jouer des pièces de circonstance qui obtinrent un succès prodigieux. Le roi et sa famille assistaient à ces représentations; il serait impossible de décrire les transports qu'excitait leur présence. Les allusions étaient saisies avec un empressement qui ne se ralentit dans aucune des occasions où il fut permis de voir réunis les objets d'un amour qui semblait devoir être durable. Des ministres inhabiles gâtèrent, en peu de temps, les dispositions générales, et furent les premières causes des malheurs que nous eûmes à déplorer plus tard ; mais dans ce temps, les

(1) Le 5e régiment de la garde royale, qui a pris le *Trocadéro*, comptait dans ses rangs un grand nombre de soldats de la vieille garde.

C'est dans ce régiment que M. le prince de Carignan a reçu ses épaulettes de grenadier, qu'il a honorées par un si brillant courage.

hommes les plus attachés à Napoléon voulaient franchement le règne des Bourbons ; ils ne pouvaient plus en effet désirer que le repos dont ils étaient privés depuis si long-temps. Ils avaient fatigué la victoire !.....

L'empereur Alexandre se faisait généralement aimer par une bonté soutenue ; et une affabilité qui séduit les Français plus que toutes les autres nations. Sa modération lui attirait la reconnaissance d'un pays que lui seul sauva des horreurs, qui n'eussent, hélas, été que des représailles. On lui savait également gré du bien qu'il faisait, et du mal qu'il avait empêché. Le roi de Prusse n'ayant pas la même grâce dans la tournure, la même aisance dans les manières, plaisait infiniment moins, et semblait plutôt l'aide-de-camp que l'égal d'Alexandre. Quant à l'empereur d'Autriche, sa présence à Paris avait quelque chose de si révoltant, qu'il y fut reçu plus que froidement. S'il lui était impossible de se dispenser de venir dans cette ville, de laquelle sa fille était sortie d'une manière si cruelle, il eût au moins dû y arriver *incognito*, et non à midi, entouré d'un brillant état-major ; à peine le regardait-on.

Pas un cri ne se fit entendre, pas un chapeau ne fut ôté. On oublia absolument l'entrée d'un souverain, l'on ne vit qu'un mauvais père, profitant du malheur de son enfant. Son extrême ressemblance avec le grand duc de Wurtzbourg me dispense de parler de son extérieur. Jamais *ménechmes* ne furent plus semblables. On s'entretenait peu dans la société de ce que faisaient ces deux souverains; mais on recherchait les personnes qui pouvaient donner quelques détails sur Alexandre, qui réussit également dans toutes les classes; celle des indigens eut les meilleures raisons de l'aimer, car il distribua de nombreuses aumônes.

J'étais au Théâtre-Français, la première fois que l'empereur Alexandre et le roi de Prusse s'y rendirent : on jouait *Iphigénie en Aulide*, et *la Partie de Chasse*. La salle était pleine jusqu'aux cintres; les femmes en grand nombre, toutes fort parées, plusieurs portant des couronnes de lys et d'énormes cocardes blanches. Celles-ci, en général, avaient eu soin de se placer de manière à être en vue. Il était aisé de deviner qu'elles allaient là, bien plus pour être regardées, que pour voir elles-mêmes. Quant à moi qui étais fort modestement aux quatrièmes, je n'eus qu'un désir, celui d'observer comment se passerait cette représentation.

Les souverains étaient placés aux premières, l'empereur de Russie à droite; la loge était ouverte, et seulement gardée par des jeunes gens de la société, ayant au bras une écharpe blanche. Les femmes obstruaient la porte, et des enfans plus indiscrets encore entraient dans la loge de LL. MM., l'empereur en embrassa quelques-uns. Au moment où on allait lever le rideau (après avoir joué des airs nationaux qui furent fort applaudis), un jeune homme, bien mis, s'élança sur le théâtre, et attacha à la toile les armes royales. Aussitôt les cris de : *vive le roi, vive les Bourbons, vive Alexandre*, partirent de tous les coins de la salle. L'aigle aux ailes déployées surmontait encore une loge d'avant-scène, vers laquelle tous les yeux se portaient avec admiration peu de mois avant. Le parterre tout entier se leva avec fureur, et désignant cette loge s'écria : à bas *le dindon*. Un tapage affreux suivit cette ridicule expression. La saine partie du public se prononça contre; on pouvait se réjouir franchement de la paix qui devait être prochaine, éprouver des sentimens d'amour pour les Bourbons, sans vouloir permettre que *l'aigle* qui conduisit si souvent nos pères, nos frères, nos fils à la victoire, fût avili par une troupe de jeunes fous. *A bas le dindon*, criaient-ils toujours. Après une demi-heure de bruit, un garçon de théâtre jeta un voile blanc sur cet emblème de notre gloire, qui en effet n'eût jamais dû reparaître, puisqu'il causa depuis de si grands malheurs.

La tragédie commença. Talma jouait le rôle d'Achille; le parterre saisit plusieurs allusions flatteuses pour l'empereur Alexandre, vers lequel il se tournait en masse. S. M. fut souvent obligée de se lever pour saluer. Le roi de Prusse paraissait embarrassé de la contenance qu'il devait avoir, puisqu'on ne disait rien pour lui. Après la pièce, on demanda *Talma*. Après s'être un peu fait attendre, il parut en frac, et fut fort bien reçu. Tout à coup on lance sur le théâtre plusieurs papiers, dont le despotique public exige la lecture par Talma. Il hésite, on insiste, on siffle, on crie, on frappe du pied, on applaudit, personne ne s'entend plus; mais dès que Talma a l'air de vouloir se retirer le bruit augmente; dans un mouvement de silence, une voix forte s'écrie : *que Talma lise les vers.* Pâle, tremblant, il ramasse le papier et lit, d'une voix émue, des invectives rimées contre *l'usurpateur*, et des louanges pour les Bourbons. *Criez vive le roi, Talma*, articule distinctement la même voix. « Eh! bien, oui, messieurs, vive le roi, » dit faiblement Talma, en retournant dans la coulisse.

Je ne conçois pas, je l'avoue, l'acharnement que l'on mit dans cette occasion à chercher à humilier notre grand tragédien. Napoléon avait beaucoup fait pour lui; ainsi sa reconnaissance était non-seulement pardonnable, mais elle était même un devoir. Il eût été généralement blâmé d'oublier des bienfaits nombreux. Il y avait donc une véritable cruauté à exiger que ce fût lui qui lût les imprécations lancées contre un homme qu'il fallait ne pas outrager, puisqu'il était malheureux. Dans le temps de la révolution, on fit éprouver à plusieurs acteurs des persécutions de ce genre; mais ils avaient trempé dans les horreurs qui s'étaient commises; on les avait vus se réjouir des exécutions nombreuses qui se succédaient; on pouvait donc les punir en leur prouvant qu'ils étaient connus, et en les forçant à faire amende honorable publiquement; tandis que Talma n'avait d'autre tort que celui de conserver et d'avouer un attachement, un enthousiasme, que personne ne voulait plus convenir avoir éprouvé. Assurément les circonstances étaient fort différentes, quoique la vengeance fût la même.

La Partie de Chasse fut jouée avec une rare perfection par mesdemoiselles Mars, Leverd, par Michot et Fleuri. On ne laissa échapper aucun des mots qui pouvaient se rapporter aux événemens du jour, et Alexandre fut toujours le premier à les faire remarquer. Il parut apprécier le mérite des comédiens, et envoya, dit-on, des présens fort beaux à plusieurs d'entre eux. Il sortit tard du spectacle, suivi par toutes les femmes jusqu'à sa voiture, et comblé des bénédictions de la foule qui se pressait autour de lui.

Cette soirée est sans aucun doute la plus

remarquable et la plus flatteuse qu'il ait passée à Paris. Plus tard il ne fit que partager, ce qui, ce jour là, ne s'adressait qu'à lui.

M. de M.... l'avait beaucoup vu avant son arrivée à Paris. Nous le priâmes de nous raconter quelques anecdotes recueillies par lui, ce qu'il fit avec une grande complaisance.

« J'étais à Aix-la-Chapelle, nous dit-il, à
» l'époque du congrès. L'empereur Alexandre
» se promenait souvent de grand matin dans
» les environs de cette ville. Je le rencontrai
» un jour dans le joli bois appelé *Bois Pauline*,
» promenade favorite de la princesse Borghèse,
» sœur cadette de Napoléon, lorsqu'elle venait
» prendre les eaux.

» Il était vêtu d'un simple frac vert. Après
» m'avoir abordé familièrement, il me de-
» manda si je pouvais lui dire le nom du pro-
» priétaire d'un grand bâtiment remis à neuf,
» peu éloigné du bois, qu'il m'indiquait avec
» sa cravache. Je satisfis sa curiosité en lui ap-
» prenant que c'était une filature de laine, et
» que le propriétaire, que je connaissais assez,
» s'appelait Brouhoun. Il me demanda alors
» s'il lui serait possible de voir cet établisse-

» ment, en ajoutant qu'*il était aide-de-camp*
» *de l'empereur de Russie.* J'offris de l'y con-
» duire, il accepta avec empressement ma
» proposition.

» Comme nous approchions du bâtiment,
» nous fûmes rencontrés par M. Brouhoum, à
» qui je demandai la permission de voir sa fa-
» brique, avec l'étranger qui m'accompagnait.
» M. Brouhoum, qui savait tout aussi bien que
» moi que cet étranger n'était autre que l'empe-
» reur Alexandre lui-même, respecta son *in-*
» *cognito*, et nous conduisit à sa filature dont il
» nous fit voir successivement tous les ateliers;
» ce qui prit environ deux heures.

» M. Brouhoum nous dit en riant que s'il ne
» craignait pas que M. l'aide-de-camp ne fût
» appelé par son service près de son souve-
» rain, il nous offrirait à déjeuner *sans façon*.
» L'empereur répondit qu'il était parfaitement
» libre; et s'emparant du bras de M. Brou-
» houm, il assura qu'il ferait honneur au repas
» offert et accepté de si bon cœur; mais qu'il
» ne voulait absolument pas que l'on ajoutât la
» moindre chose pour lui. Nous n'eûmes en
» effet que du café, du beurre et des œufs frais.

» sur lesquels l'empereur prouva qu'il avait un
» fort bon appétit.

» La pièce dans laquelle nous fûmes servis était
» tapissée de gravures qui retraçaient diverses
» victoires de Napoléon. L'un de ces tableaux
» représentait son entrevue avec Alexandre sur
» le Niémen : il fixa particulièrement l'atten-
» tion de l'empereur. Après l'avoir considéré
» pendant quelques momens, il dit : C'est
» vrai, c'est vrai; mais pourquoi n'en fit-il pas
» autant en 1815 sur la Loire, au lieu d'aller
» se livrer aux Anglais? il le pouvait; et, s'il
» l'avait fait, qui sait.... il serait peut-être en-
» core empereur des Français.—Mais, observa
» M. Brouhoum, la maison de Bourbon?—La
» maison de Bourbon! répondit vivement l'em-
» pereur; oui, vous avez raison, c'était alors
» un obstacle, et je n'y réfléchissais pas....
» Mais, reprit-il aussitôt, il l'aurait pu en 1814,
» quand les Bourbons n'étaient encore pour
» rien dans la guerre.

» Lorsque l'empereur prit congé de M. Brou-
» houm, il le remercia affectueusement de l'ac-
» cueil qu'il en avait reçu. En traversant la
» grande cour pour retourner à la ville, il fut

» rencontré par une douzaine d'ouvriers, qui,
» l'ayant reconnu, le saluèrent à trois reprises
» différentes par les cris de *vive l'empereur!*
» Alexandre parut contrarié de ces exclama-
» tions et s'y déroba le plus vite possible,
» comme un homme pressé par le temps.

» Deux heures après arriva à la fabrique un
» de ses aides-de-camp, M. de Czernischeff,
» chargé d'une lettre de l'empereur pour
» M. Brouhoum, laquelle était accompagnée
» d'une bague magnifique, d'une charmante
» boîte pour moi, et de cent ducats à distri-
» buer aux ouvriers (1).

» L'empereur vivait à Aix-la-Chapelle d'une
» manière excessivement simple; il n'avait
» qu'une suite peu nombreuse. Lorsqu'il ne
» faisait pas ses visites à pied et tout seul (c'est
» ainsi que je le rencontrai souvent), il se ser-
» vait d'une voiture de louage, dont, par pa-

(1) On m'a assuré que dans les premiers jours d'a-
vril 1814, l'empereur Alexandre alla chez M. J. Laffitte
qui ne l'avait jamais vu, et lui dit : « J'ai desiré, mon-
» sieur, connaître le plus célèbre, et le plus bienfaisant
» banquier de Paris, et je viens lui demander à déjeu-
» ner. »

» renthèse, le cocher était toujours ivre; c'est
» par cette raison sans doute qu'il le menait,
» même dans les rues les plus étroites de la
» ville, du train le plus rapide. Il était parvenu
» plusieurs fois à l'empereur des plaintes con-
» tre ce cocher, bien qu'Alexandre lui recom-
» mandât sans cesse de mener plus sagement.

» Cet homme, en le conduisant une fois par
» la rue Saint-Aldebert, accrocha un cabriolet
» qu'il fit verser. L'empereur outré s'élança
» hors de sa voiture, arracha lui-même cet
» homme de dessus son siége, et l'obligea de
» conduire ses chevaux par la bride, afin d'évi-
» ter de nouveaux accidens.

» Un autre jour, ayant rencontré le roi de
» Prusse dans la *rue des Trois-Rois*, peut-être
» la plus étroite d'Aix-la-Chapelle, puisque
» deux voitures ne peuvent y passer de front,
» Alexandre descendit promptement de la
» sienne, et s'avançant vers celle où était le roi:
» Allons, mon frère, lui-dit-il, exécutons-nous
» de bonne grâce, et laissons faire nos cochers.
» Puis ayant pris le bras du roi, qui, de son
» côté, s'était empressé de venir au-devant de

» lui, ces deux princes s'en allèrent à pied, au
» grand étonnement des assistans.

» Dans une autre occasion, Alexandre s'étant
» écarté dans le *Quartier-Vieux*, s'approcha de
» l'échoppe d'une marchande de légumes, et lui
» demanda si elle pouvait lui dire où demeurait
» l'empereur Alexandre : Eh! me croyez-vous
» aussi bête que vous autres Russes, lui ré-
» pondit-elle dans son langage énergique, vous
» êtes l'empereur vous-même, et vous ne savez
» pas où vous demeurez?.... Il rit beaucoup
» de cette réponse, lui donna quelques pièces
» d'or, et raconta cette anecdote devant moi. »

Nous remerciâmes M. de M.... de sa complaisance. J'écrivis le soir ce que j'avais entendu, je le transcris ici.

CHAPITRE XVIII.

Affection de l'impératrice pour son beau-frère M. de Beauharnais. — Lettre écrite par lui au président de la Convention. — M. Desèze. — Lettres autographes de LL. MM. Louis XVIII et Charles X. — M. de Lakerswerth. — M. de Coli, feld-maréchal au service d'Autriche. — Anecdote relative à une bourriche. — Madame de Lavalette.

L'impératrice, comme je l'ai dit, portait toujours un extrême attachement à monsieur François de Beauharnais, son beau-frère, dont elle nous parlait fort souvent avec les éloges que mérite le plus noble caractère. En 1792, il avait écrit la lettre ci-jointe au président de la Convention nationale, après le décret qui permettait à tout Français de défendre Louis XVI. Joséphine avait conservé ce papier, comme un monument de famille, honorable; elle voulut bien le confier à ma mère, et j'éprouve un vrai plaisir à transcrire ici la copie que j'en ai faite alors.

Depuis 30 ans tant de traits de bassesse, d'ingratitude, de lâcheté, de trahison, ont été recueillis et publiés, qu'il est d'autant plus doux d'avoir à en citer un de dévouement et de loyauté. Il serait oublié, grâce à la modestie de M. de Beauharnais, si je n'étais là pour le rappeler. Il met à cacher le bien qu'il a fait, autant de soin et d'empressement qu'il emploie à faire valoir les autres, ce qui n'est pas peu dire.

Lettre adressée au président de la Convention nationale par M. François, marquis de Beauharnais, député par l'ordre de la noblesse de Paris aux états-généraux.

« Monsieur,

» J'apprends, avec l'Europe étonnée de ce
» forfait nouveau, qu'on veut attenter à la

» personne sacrée du Roi, en voulant pro-
» noncer son jugement. Je demande à être son
» défenseur, à plaider la cause de mon maître,
» de mon roi, de l'homme le plus vertueux
» de son royaume.

» Vous voudrez bien faire connaître à la
» Convention mon vœu. Vous voudrez bien
» me faire savoir sa réponse.

» Ce n'est point dans cette lettre que j'in-
» diquerai mes moyens de défense. Ce n'est
» point ici que je démontrerai quel est le droit
» politique des peuples sur leur souverain lé-
» gitime, et, respectivement, quel est le devoir
» des souverains envers leurs sujets.

» C'est moins devant une assemblée, fac-
» tieuse et usurpatrice, qui s'est arrogé tous
» les pouvoirs, que devant le peuple français,
» que j'énoncerai des faits, qui lui feront con-
» naître, et les crimes de ces zélés sectateurs
» d'une liberté destructive de tout ordre social,
» et les vertus de Louis XVI, de ce monarque
» infortuné, fait pour être l'objet de la véné-
» ration de ses sujets; qui, triste jouet du sort,
» et coupable peut-être de trop de bonté,
» s'est trouvé tour à tour persécuté, trahi et

» enfin lâchement abandonné par ceux qu'il
» avait comblés de ses bienfaits.

» C'est à cette tribune publique que je dé-
» voilerai les complots criminels de ces fourbes
» politiques, qui se sont emparés des rênes du
» gouvernement sous le voile du bien public,
» pour cacher plus adroitement leurs desseins
» ambitieux.

» Je désignerai les grands criminels, je ferai
» voir les replis tortueux *de cette politique dan-*
» *gereuse pour tous les gouvernemens.*

» La Convention nationale pourra juger si
» j'ambitionne la faveur insigne de défendre
» mon roi, puisque je ne crains pas d'abaisser
» mon front devant des rebelles; puisque je ne
» rougis point de supplier ce tribunal d'inqui-
» sition de m'accorder cette grâce spéciale.

» L'anarchie dans laquelle est plongée ma
» malheureuse patrie depuis la révolution, les
» crimes dont s'est souillée une partie de la na-
» tion française, ses attentats envers la famille
» royale, ses persécutions envers les ministres
» des autels, et, plus que tout, le désir si na-
» turel à tout sujet fidèle de sauver son roi,
» et de l'arracher de ses bourreaux; voilà les

» motifs qui m'ont fait quitter ma patrie. Ce
» dévouement volontaire, que je partage avec
» un grand nombre de mes vertueux conci-
» toyens, est un titre dont je me glorifie haute-
» ment. Vous pouvez, Monsieur, en instruire
» l'assemblée.

» Après m'être opposé de tout mon pouvoir
» à la destruction de la monarchie, *avec cette mi-*
» *norité de l'assemblée nationale, de laquelle je fais*
» *gloire d'avoir été constamment*, je suis venu me
» rallier aux drapeaux de l'honneur pour mou-
» rir en soldat, après avoir protesté solennelle-
» ment contre cette même constitution, que
» vous aviez juré de maintenir, et que vous
» anéantissez de votre propre autorité.

» J'attends de vous, Monsieur, une réponse
» simple et précise : couvrez vos attentats de la
» justice que je réclame, et que tout accusé doit
» attendre.

» Si vous oubliez *que Louis XVI est roi*,
» souvenez-vous qu'il est homme ; montrez vo-
» tre impartialité dans une cause qui intéresse
» tous les gouvernemens, sur laquelle l'Eu-
» rope attentive suspend son jugement, et dont

» la postérité recueillera précieusement toutes
» les circonstances.

» J'ai l'honneur d'être,

» François marquis de Beauharnais,

député par l'ordre de la noblesse de Paris aux états-généraux de France, aide-major-général de l'armée de Condé.

Deux autres hommes (1), dont les noms à jamais célèbres et révérés passeront d'âge en âge, obtinrent la faveur sollicitée avec tant de fermeté et de courage par M. de Beauharnais, qui n'en aura pas moins des droits éternels à l'estime de tous ceux qui ont en horreur le crime épouvantable qu'il voulut empêcher. Le prix de sa belle action était la mort!... Un miracle seul a pu préserver M. Desèze de la vengeance des barbares, dont sa conduite était la plus forte critique. Il a échappé au supplice auquel il devait s'attendre; il a vu la restauration! Comblé des faveurs de son souverain, de la fille de Louis XVI, il a joui de tout le bonheur qu'il avait mérité, tandis que M. de Beauharnais

(1) MM. Desèze et le vertueux Malesherbes.

aussi généreux que lui, vit oubliée de la cour, uniquement occupé de ses enfans, et livré aux souvenirs qui doivent embellir le reste de sa vie (1).

Deux lettres *autographes* de LL. MM. Louis XVIII et Charles X, prouvent combien les services de M. de Beauharnais furent appréciés. Il n'a point cependant de pension comme officier-général, (quoiqu'il ait été blessé deux fois à l'armée de Condé et dans la Vendée;) il n'en a pas non plus comme ambassadeur en Italie et en Espagne : il est, je crois, le seul dans ce cas.

Le beau-frère de l'impératrice Joséphine est un personnage trop historique pour que je ne doive pas lui accorder une place dans le tableau que j'ai essayé d'esquisser sur tout ce qui a rapport à elle. Les détails suivans, qu'un ami sûr a bien voulu me communiquer, peindront mieux M. le marquis de Beauharnais, que toutes les phrases que pourrait me dicter mon estime pour ses rares qualités.

Nommé en 1804 envoyé extraordinaire et ministre plénipotentiaire de France près de

(1) M. de Beauharnais fut l'un des otages de Louis XVI; il a été chargé de les défendre, à l'assemblée constituante, avec feu M. Malouet.

S. M. la reine régente d'Étrurie (Marie-Louise de Bourbon, sœur du roi d'Espagne Ferdinand VII), il remplit avec l'honneur qu'il apportait à tout, cette mission difficile.

La France était en guerre avec les principales puissances de l'Europe. A l'exception du nonce du pape, M. Morrozo, tout dévoué à l'Autriche, M. de Beauharnais ne pouvait recevoir officiellement aucun de ses collègues ambassadeurs ou ministres étrangers. Ses instructions l'empêchaient de suivre le désir de son caractère bienveillant, de vivre en harmonie avec le corps diplomatique. Il avait reçu l'ordre impératif de faire quitter la Toscane au ministre de Suède à cette cour (le comte de Lakerswerth), et celui de prendre le pas sur le ministre d'Espagne (1).

M. de Lakerswerth était l'ami de M. de Beauharnais, qui sut, à force de politesses et d'égards, réussir dans cette pénible affaire. Le ministre de Suède quitta Florence; celui de France prit le pas sur celui d'Espagne, en dépit

---

(1) Le pacte de famille n'existait plus par suite de l'élévation de l'empereur Napoléon sur le trône de France.

de la reine et du ministre M. de Labrador, et sans se brouiller avec personne.

Au bout de quatre mois de séjour en Toscane, M. de Beauharnais était tout-puissant près de la reine régente, par l'ascendant qu'avait acquis un homme franc sans rudesse, poli sans flatterie, spirituel sans prétention, et du commerce le plus sûr. Les ministres de S. M. ne faisaient plus aucune démarche sans consulter celui de France (1).

Voici à cet égard une anecdote que je puis

---

(1) A son départ de Florence, la reine régente lui remit son portrait, et une médaille d'or que S. M. avait fait frapper, en témoignage de sa satisfaction ; sur l'un des côtés on lit : *le roi et la reine régente à S. E. le marquis F. de Beauharnais* : de l'autre, est gravée une couronne de laurier, avec ces mots : *Regno stima sincerissima*.

A l'avénement de S. M. Ferdinand VII, M. de Beauharnais reçut de S. M. le grand ordre de Charles III, qui donne les entrées de la chambre et du cabinet du roi, et le portrait du roi entouré en diamans, avec une lettre autographe portant pour inscription *à notre cher et estimable ami le M. François de Beauharnais*.

M. de Beauharnais est aussi décoré des ordres de St.-Louis, de la Légion-d'honneur, de St.-Jean de garantir, l'ayant apprise par un des **membres du corps diplomatique.**

Le vieux feld-maréchal *Coli*, ministre d'Autriche, à Florence, était l'un des plus redoutables adversaires de M. de Beauharnais. Général expérimenté, M. de Coli était aussi négociateur habile. La Toscane était alors cernée par les Autrichiens. La France n'avait à Livourne que quelques mille hommes, commandés par le général comte Verdier.

L'un de ces hommes, pour qui l'argent est

Jérusalem, et grand'croix de la Couronne de fer d'Autriche.

L'article V du réglement de la Chambre des Pairs, porte que lorsqu'un pair de France meurt sans *postérité masculine,* le roi se réserve le droit de choisir dans la famille du même nom, celui de la famille qui lui convient. Le comte de Beauharnais (ancien chevalier d'honneur de l'impératrice Marie-Louise) étant mort, il y a quelques années, sans enfans, M. le marquis de Beauharnais est le seul de ce nom, avec ses deux petits-neveux les ducs de Leuchtenberg, fils de feu le prince Eugène.

On doit donc s'étonner que S. M. n'ait pas accordé la pairie à un homme qui porte un nom à jamais célèbre, et qui par ses talens, son dévouement, était digne d'occuper une place dans la chambre héréditaire.

tout, et qui immolent leur honneur, leur conscience à une poignée d'or, un espion du général Clarck, prédécesseur de M. de Beauharnais à Florence, demande à lui parler sans intermédiaire. M. de Beauharnais ordonne qu'on fasse entrer cet inconnu, qui lui apporte une bourriche qui contenait (il en avait la certitude) des papiers importans, venant de Vienne, pour le ministre Coli, qui craignait toujours les moyens ordinaires de recevoir les dépêches les plus essentielles.

M. de Beauharnais, détestant tout moyen illégal, paya bien l'espion, le renvoya et garda la bourriche; mais loin de profiter de la facilité qui lui était offerte pour lire les papiers tombés dans ses mains, il envoya son secrétaire particulier, à M. de Coli, muni de cette bourriche qui lui avait été livrée par la perfidie, et il lui fit dire que si les nations étaient en guerre, les particuliers n'y étaient pas ; qu'il s'empressait donc de lui faire remettre ce que la trahison lui a livré ; mais il ne lui laisse pas ignorer qu'il sait parfaitement ce que contient ce panier, qui n'était pas même déficelé; ne voulant pas employer auprès d'un ministre estimable, des moyens vils pour surprendre un secret.

Le feld-maréchal, touché d'un procédé que son âme pouvait comprendre, fut depuis lors l'ami le plus dévoué de M. de Beauharnais, au grand étonnement des Toscans, qui ne surent jamais les motifs d'un changement si prompt.

M. de Beauharnais, nommé à l'ambassade d'Espagne avant l'abdication de Charles IV, voulut vainement, dans sa correspondance, éclairer Napoléon sur le véritable esprit de la nation; on s'obstina à croire qu'il se trompait, et le cabinet impérial agit d'une manière entièrement opposée aux conseils de l'ambassadeur, qui se fit adorer par le peuple le moins disposé à aimer les Français.

La France à cette époque était en guerre avec la Prusse. M. de Beauharnais ne pouvait avoir aucune relation avec le chargé d'affaires de cette puissance, ennemie de celle qu'il représentait. Il apprend par un de ses collègues qui voyait M. Henri (le chargé d'affaires), que ce dernier, ne recevant pas son traitement, se trouvait dans la position la plus gênée, et qu'il ne pouvait fournir aux besoins d'une femme et de deux filles, qui étaient avec lui à Madrid.

M. de Beauharnais se rend un soir chez madame Henri, la questionne avec un intérêt si sincère, et lui fait des offres de services si obligeantes, qu'il en obtient l'aveu d'un véritable dénuement, des choses les plus indispensables. M. de Beauharnais, pénétré de ce qu'il entend, donne des ordres à une personne sûre de sa maison, pour que madame Henri reçoive immédiatement tout ce qui pouvait lui être utile. Pendant deux mois, toute cette estimable famille vécut des bienfaits de M. de Beauharnais.

Après l'insurrection d'Aranjuès, dirigée contre le prince de la Paix et ses parens, plusieurs de leurs maisons furent pillées, démolies ou incendiées. M. le marquis de Branciforte, grand d'Espagne, beau-frère du prince de la Paix (ennemi juré des Français, et qui les avait très-maltraités lorsqu'il était vice-roi au Mexique), craignant pour ses jours et ceux de sa famille, envoya chez l'ambassadeur de France, pour le supplier de venir à son secours, et l'assurer que la protection de Son Excellence pouvait seule le sauver du sort le plus affreux ; M. de Beauharnais, oubliant les torts du marquis de Branciforte, pour ne songer qu'aux moyens de le secourir, envoie sa voiture dans laquelle était son secrétaire, et ramène toute cette famille éplorée au palais de la Légation de France. M. de Branciforte veut se jeter aux pieds de son généreux bienfaiteur, qui, humilié pour lui d'une démarche si peu convenable, s'empresse de le relever, en lui disant : « Je sais tout ce que vous » avez fait contre les Français; vous allez ap- » prendre comment ils se vengent. Soyez tran- » quille, Monsieur, je vous réponds qu'il ne » vous sera rien fait. »

Un bel appartement fut donné à cette famille qui fut servie par les gens de l'ambassadeur, avec la même recherche que lui. Elle resta chez M. de Beauharnais jusqu'au moment où tout redevint calme. Leur palais fut entièrement pillé.

Le peuple, apprenant que la sœur et le beau-frère du prince de la Paix étaient réfugiés à l'ambassade de France, s'y porta en masse, et réclama hautement ceux qu'il regardait déjà comme sa proie; M. de Beauharnais, comptant avec raison sur l'affection des Espa-

gnols, descend seul au milieu de cette foule avide de pillage, exaspérée d'avoir manqué une capture importante : « Mes amis, leur dit-
» il, vous demandez le marquis Branciforte, il
» est chez moi; il s'est mis sous ma sauve-garde,
» je dois le protéger, malgré le mal qu'il a fait à
» mes compatriotes. Je m'en rapporte à vous,
» braves Espagnols; à ma place le rendriez-
» vous? prononcez. » Non, non, s'écria-t-on de toutes parts; *viva excellenca Beauharnais*, répétèrent tous ces forcenés, s'éloignant rapidement pour aller porter ailleurs le désordre et la flamme. De tels traits se passent de commentaires, et peignent M. de Beauharnais.

Rappelé pendant que l'empereur était à Marac, il ne put obtenir de le voir en arrivant. M. le duc de Cadore (Champagny) le reçut avec quelque embarras lorsqu'il lui demanda si l'empereur consentirait à le voir. « S. M. est mécontente de votre obstination
» à contrecarrer ses projets; vous savez com-
» bien ses premiers mouvemens sont quelque-
» fois impétueux, Monsieur, ainsi je vous con-
» seillerais de laisser passer quelque temps,
» avant de vous présenter devant elle. — Je

n'ai jamais, Monsieur le duc, craint de rendre compte de ma conduite; dans cette circonstance, comme dans toutes les autres de ma vie, je suis prêt à donner sur elle tous les renseignemens qui me seront demandés. C'est pourquoi je tiens à voir l'empereur. Me recevra-t-il oui ou non? — Mais.... non. — Eh bien! je vais joindre ma famille à Paris; veuillez assurer S. M. qu'on la trompe sur tout ce qu'on lui dit de l'Espagne. Je n'ai pas à me reprocher d'avoir employé d'espions, et cependant je suis mieux informé que qui que ce soit, des désirs de cette nation. aussi courageuse que superstitieuse. Quand on voudra m'entendre, je serai prêt à dire ce que je sais. — Pardon, Monsieur, je suis forcé de vous annoncer que l'empereur désire que vous n'alliez pas à Paris, mais en *Pologne*. — En Pologne, bon Dieu! Qu'irai-je y faire? Je n'y ai aucune propriété, je n'y connais personne. C'est sûrement en *Sologne* que vous voulez dire. Eugène y a des terres où je pourrais me retirer. — Eh bien soit; en *Sologne*. »

M. de Beauharnais fut en effet en Sologne,

où il resta *huit ans*. Cet exil ne finit qu'à la rentrée des Bourbons en France.

Étant à Madrid il avait reçu l'ordre de tenir un grand état ; d'avoir souvent des dîners diplomatiques, de donner des fêtes, etc. N'ayant point de fortune, il fut obligé de faire des dettes que l'on promettait toujours de payer. Revenu en France, il sollicita les sommes pour lesquelles il s'était engagé. Pendant trois ans il fut remis de jour en jour. Enfin, lassé des retards, qui lui donnaient auprès de ses débiteurs les torts qu'il n'avait pas, il écrivit au ministre qu'il était décidé à se laisser *actionner* et *arrêter*, et qu'il serait curieux autant qu'inconvenant, de voir un ambassadeur en prison pour des sommes dues par le gouvernement. Peu de temps après, il reçut les cent mille francs demandés tant de fois (1).

Une partie de son argenterie était restée à Madrid ; et l'autre, en route pour revenir en France, fut totalement pillée *par les Français*. Celle restée sous la garde des Espagnols lui a été fidèlement remise.

(1) Et pendant trois ans une pension de 18,000 francs,

Madame de Lavalette, dont le dévouement a excité l'admiration générale, est fille de M. de Beauharnais. Avoir élevé ses enfans dans de si nobles sentimens, prouve qu'il est aussi bon père, que loyal militaire et bon négociateur; et l'on a quelque droit, je le répète, de s'étonner qu'un tel homme soit oublié par un gouvernement qui cherche à mettre tous les genres de mérite en évidence. Je demande pardon à M. de Beauharnais, d'avoir trahi l'obscurité où il a cherché à se placer. Tôt ou tard la vérité doit être connue, et dans cette occasion, il m'est doux de la publier.

CHAPITRE XIX.

M. de Langeac. — M. le comte de Mesnard, aide-de-camp de monseigneur le duc de Berry. — Monseigneur le duc de Berry. — Le général Beauvais. — Madame Beauvais. — Visite de H... à la Malmaison. — L'impératrice veut vendre ses diamans. — L'empereur Alexandre va la voir. — MM. Lecouteulx, de la Woëstine et Jacqueminot. — Le général Sébastiani. — Monseigneur le duc d'Orléans.

Nous revîmes avec un extrême plaisir plusieurs amis de notre exil, revenus en même temps que nos princes; entre autres le bon comte de Langeac, toujours prêt à obliger et à s'oublier pour les autres; et le comte de Mesnard, attaché comme aide-de-camp à monseigneur le duc de Berry. Tous deux liés intimement avec ma famille, parurent aussi heureux de nous revoir que nous de les retrouver.

Apprenant un matin par les journaux que M. de Mesnard devait descendre aux Tuileries dans la journée même, nous nous y rendîmes pour le voir sur-le-champ. Sa voiture était encore chargée; pressées de nous retrouver auprès de lui, nous montâmes l'escalier avec une telle rapidité, que nous coudoyâmes un garde national, qui nous barrait le passage, et nous ne nous arrêtâmes pas même pour lui faire des excuses. Après les premiers mots de reconnaissance, nous demandâmes à M. de Mesnard des nouvelles de son prince, et le questionnâmes sur son extérieur, dont nous n'avions aucune idée, n'ayant pu assister à son entrée. « Mais, » nous dit M. de Mesnard, vous avez dû le ren- » contrer, car il descendait de chez La Feron- » nays. — Non, répondit ma mère; nous n'a- » vons vu qu'un garde national qui parlait à » un valet de pied. — Eh bien, c'était lui. » Je regrettai bien alors de n'avoir pas pris le temps d'être polie.

Un grand dîner était offert aux gardes nationaux, dont monseigneur le duc de Berry avait revêtu l'habit. M. de Mesnard n'ayant point avec lui ses uniformes, ne savait comment faire pour se procurer immédiatement ce qui lui était nécessaire pour sa toilette. Nous lui offrîmes de le conduire au Palais-Royal, il accepta, ainsi que son collègue M. de Clermont de Lodève, qui se trouvait dans le même embarras. Ce fut dans notre modeste fiacre que ces deux messieurs firent leurs premières emplettes. Pendant ce trajet, ils nous dirent de monseigneur le duc de Berry tout ce que leur attachement leur dicta, sur cet excellent prince, que l'on ne sut apprécier que lorsqu'une mort sublime révéla ce qu'il possédait de qualités et de vertus. On s'accordait dès lors à lui reconnaître une bravoure extrême, un cœur excellent, un esprit cultivé, et le goût des arts, qu'il cherchait à encourager ; mais on exagérait fort sa violence, afin d'avoir le droit de critiquer ses actions. De longs et cruels malheurs avaient irrité une grande vivacité naturelle, à laquelle il se livra sans calculer que, reprenant le rang qui lui appartenait, il devait l'exemple à ses nombreux subordonnés; il sentit promptement qu'il ne fallait pas donner prise à la malveillance, toujours prête à saisir le côté faible d'un prince. Il se modéra, et, dans les derniers temps de sa vie, il était impossible de citer de lui autre chose que de bonnes actions.

J'avais pour voisin à cette époque le général Beauvais, homme de beaucoup d'esprit, dont la société était très-agréable pour moi ; il vivait très-retiré, dans un quartier éloigné, dont je ne sortais que rarement moi-même pour me rendre à quelques réunions, auxquelles on est forcé d'assister pendant l'hiver. Madame Beauvais était une femme excellente, dont l'intimité était pleine de charmes. Nous nous voyions beaucoup. Son mari parlait très-bien des princes, faisait souvent sa cour, et nous lui croyions les mêmes opinions que nous. Il travaillait à l'important ouvrage des *Victoires et Conquêtes*, ce qui ne nous paraissait point en opposition avec les sentimens que nous lui supposions. Louer son pays, faire connaître les belles actions de ses compatriotes, est de tout bon Français. Nous admirions comme lui les hauts faits de nos guerriers ; et jamais alors une discussion ne nous éclaira sur la différence de nos manières de penser.

Je voyais aussi un homme dévoué à l'impératrice Joséphine ; il me parlait souvent d'elle, et je m'intéressais trop à tout ce qui la concernait pour ne pas préférer la société de M. H. à toute autre. Il me dit que dans les premiers jours de mai 1814, il alla faire une visite à la Malmaison. Il causa avec elle dans la galerie des tableaux. Elle témoigna de l'humeur contre Napoléon, qui ne lui faisait point payer la pension qui lui était accordée. Cependant l'empereur était malheureux, et l'ancienne affection de Joséphine semblait alors lui être revenue. Elle parla même de vendre ses diamans pour lui envoyer de l'argent. Elle était vivement offensée d'un paragraphe inséré dans le Journal des Débats, le voici :

« L'empereur de Russie s'est rendu il y a
» deux jours au château de Saint-Leu, près de
» Montmorency. S. M. y a dîné avec le prince
» Eugène, sa mère et sa sœur. — Ne pouvait-on
» pas parler de moi avec un peu plus de res-
» pect, disait Joséphine, dois-je être ainsi à la
» suite de mon fils? cela est de la dernière in-
» convenance. J'ai un nom, je suis montée sur
» le trône, j'ai été *couronnée et sacrée*, l'empe-
» reur Alexandre m'a protégée spécialement,
» aussitôt qu'il a été maître du pont de Neuilly

» il a envoyé une sauve-garde à la Malmaison,
» pourquoi donc ne m'appeler que la *mère du*
» *prince Eugène?* Ce titre sans doute m'est plus
» cher que tous les autres; mais un journaliste
» ne doit pas oublier que je fus sa souveraine. »

A peine finissait-elle ces mots que l'empereur Alexandre lui fut annoncé. M. H. s'éloigna, mais observa les personnages illustres qui étaient devant ses yeux, et me fit part de ses remarques.

Joséphine, avec son à plomb et sa grâce accoutumés, exprima à S. M. combien elle était flattée de sa visite. Alexandre répondit que c'était un hommage qu'il était heureux de lui rendre. « Je brûlais du désir de vous voir, Ma-
» dame : depuis que je suis en France, je n'ai
» entendu que bénir votre nom. Dans les chau-
» mières comme dans les châteaux, j'ai recueilli
» des détails sur votre angélique bonté; et je me
» fais un plaisir d'apporter à Votre Majesté les
» bénédictions dont je me suis chargé pour elle. »

M. H. voyant que LL. MM. s'éloignaient pour causer plus librement, se mit encore plus à l'écart. La conversation devint sérieuse autant que l'on en pouvait juger par l'expression des visages; et au bout de quelques instans LL. MM. passèrent au jardin. Pendant qu'elles y étaient, la reine Hortense arriva en toute hâte de Paris. Elle fut rejoindre sa mère, et elles se promenèrent assez long-temps avec l'empereur, qui donnait le bras à toutes deux.

L'impératrice devait être présentée au roi quelque temps après. Le prince Eugène avait été parfaitement reçu. Louis XVIII l'avait embrassé; et l'on disait dans le monde qu'il lui avait dit qu'il le nommerait maréchal de France; que la paix allait être faite; mais que, dans l'occasion, on emploierait avec confiance le prince dont la conduite pouvait être citée comme l'exemple de l'armée; et qui serait surnommé *le Bayard du siècle*.

La reine Hortense avait été aussi fort bien accueillie; et les honneurs de son rang lui étaient continués.

On parlait beaucoup à Paris, dans ce moment, d'une étourderie de trois jeunes gens, également connus par leur noble conduite à l'armée et leur position dans le monde.

MM. Lecouteulx, de la Woëstine et Jacqueminot, n'ayant pas sans doute réfléchi que dès que leurs chefs donnaient l'exemple de la soumission au nouveau gouvernement, ils devaient aussi se résigner à un ordre de choses qui ne leur plaisait pas, imaginèrent de ridiculiser les serviteurs dévoués qui arrivaient avec le roi. Ils s'habillèrent comme eux; se vêtirent de vieux habits d'une forme gothique, se poudrèrent, mirent une épée à leur côté, un petit chapeau à trois cornes sur leur tête, une énorme croix de Saint-Louis à leur boutonnière; et, dans cet équipage, se rendirent chez Tortoni, où ils tinrent des propos fort inconvenans sur le bonheur d'être décoré, sans avoir vu d'autre feu que celui de la cuisine, etc.; ils imaginaient que la plaisanterie ferait rire les oisifs, et que l'on se moquerait de ceux qu'ils croyaient représenter. Au lieu de cela, on ne vit qu'une caricature de mauvais goût, puisqu'elle cherchait à atteindre des hommes estimables qui, pendant vingt ans, avaient souffert tous les genres de maux, pour rester fidèles à leur maître malheureux. On plaignit les jeunes gens qui attachaient quelque importance à un vêtement qu'une honorable pauvreté empêchait de renouveler; et l'on s'étonna que des militaires cherchassent à attaquer par une arme dangereuse, celle du ridicule, des vieillards qui ne pouvaient se venger d'aucune manière.

Le ministre de la guerre se mêla de cette affaire; il eut je crois grand tort, car il se priva, par une rigoureuse sévérité, de deux braves officiers, MM. Jacqueminot et de la Woëstine, dont le caractère décidé se refusa à toute excuse. Il valait mille fois mieux paraître ignorer ce qui ne pouvait réellement faire aucun tort aux émigrés.

M. Lecouteulx, plus calme, témoigna le regret de ce qui s'était passé; avoua franchement qu'il avait agi trop légèrement, et resta au service du roi, où il s'est depuis distingué.

M. Jacqueminot, n'aimant pas le nouveau gouvernement, a fondé une manufacture qui prospère, et le met à même, par son industrie, de servir encore son pays.

M. de la Woëstine s'est fixé en Belgique, où il fait avec succès le commerce des vins. Le général Sébastiani, dont il était aide-de-camp, lui a généreusement prêté les moyens de commencer cet établissement. Il pourrait maintenant rentrer en France, et jouir de l'aisance qu'il s'est acquise; des motifs étrangers à ce que je viens de raconter le retiennent en Belgique, et prouvent qu'un bon cœur est presque inséparable d'une mauvaise tête. M. de la Woëstine est petit-fils de madame la comtesse de Genlis.

Je revis dans le monde M. le comte Anatôle de Montesquiou, et ce fut avec un vrai plaisir que je le retrouvai; car je craignais que comme beaucoup d'autres jeunes gens, il n'eût, par une exaltation exagérée, porté ailleurs ses talens et son esprit : la faveur dont ses parens avaient joui sous l'empire eût été son excuse; mais avant tout il était Français; sans flatterie, sans bassesse, il est devenu chevalier d'honneur de madame la duchesse d'Orléans. Cette place le met à même de demander souvent pour les autres, ce qu'il ne refuse jamais de faire. C'est par des hommes comme lui que les princes devraient être entourés. Ils pourraient alors être sûrs que leurs bienfaits sont bien placés.

Mon père avait une créance sur monseigneur le duc d'Orléans. Il alla le voir, en fut parfaitement accueilli à ses deux premières visites; mais dès qu'il parla de ses affaires, la porte se trouva toujours fermée. Il écrivit en vain au prince, il ne reçut aucune réponse, et se vit contraint, bien malgré lui, après trois ans d'attente, de faire imprimer un mémoire détaillé de ses droits. Il prévint le prince que six mille exemplaires paraîtraient dans Paris, s'il n'obtenait dans trois jours une audience du chef du conseil de Son Altesse; et qu'il se verrait forcé de plaider, sa position étant si pénible, que son devoir de père était de chercher à l'améliorer.

Le lendemain un homme à cheval apporta une lettre qui assignait le rendez-vous demandé. Après de longs pourparlers un arrangement fort désavantageux à nos intérêts fut conclu entre le prince et mon père. Ses longs services, son âge, sa fortune totalement perdue devaient le faire mieux traiter, par le fils d'un homme auquel il avait été si long-temps attaché. Ce n'est point Son Altesse Royale que j'accuse : son cœur dont on peut citer tant de traits de bienfaisance, eût sans doute agi différemment, sans les avis de ses gens d'affaires, qui ne consultent que le *droit*, bien strictement, sans s'inquiéter le moins du monde des motifs qui doivent porter un prince à agir autrement qu'un particulier (1).

Monseigneur le duc d'Orléans est le plus riche des Bourbons, et c'est cependant celui contre lequel il faut souvent avoir recours aux tribunaux. Quel malheur qu'il suive d'autres inspirations que les siennes! au lieu de plaintes, on n'entendrait alors que des bénédictions; ainsi que les autres membres de son auguste famille, il eût payé intégralement ses dettes, sans invoquer le titre d'héritier bénéficiaire, d'autant plus singulier que Son Altesse Royale a retrouvé tous ses biens; que ses forêts sont d'un rapport plus considérable qu'avant la révolution; et que sa maison n'étant point à beaucoup près aussi nombreuse que celle de feu le duc d'Orléans, ses dépenses doivent être moins considérables : plusieurs grandes charges sont encore à nommer dans son service. On dit que de nombreuses aumônes sont distribuées par lui, et que madame la duchesse

---

(1) J'excepte du nombre de ceux qui nous furent contraires, MM. Badouix et de Broval, dont nous eûmes toujours à nous louer.

et ses enfans le secondent souvent dans le soin qu'il met à soulager l'infortune. Raison de plus de croire qu'il est totalement étranger aux injustices commises en son nom. La nécessité, le besoin, la crainte de son rang, font accepter des réductions énormes dans des créances qu'il eût été digne de lui de ne pas contester, puisque les titres étaient en règle, et que ceux auxquels il devait étaient malheureux depuis long-temps.

CHAPITRE XX.

Commencement de la maladie de Joséphine. — Lord Beverley et ses fils. — Réflexions de l'impératrice. — Elle devient plus souffrante. — L'empereur Alexandre et le roi de Prusse dînent à la Malmaison. — L'état de Joséphine empire. — MM. Horeau et Bourdois. — L'impératrice est administrée. — Sa mort.

Ce fut en revenant de Saint-Leu-Taverny, le jour où la reine Hortense avait donné un grand dîner aux souverains, que Joséphine éprouva un mal-aise universel en rentrant chez elle. Son médecin ordinaire, M. Horeau, crut devoir prendre quelques précautions : il lui donna l'émétique et la purgea. L'impératrice se sentant un instant soulagée, reprit ses habitudes ordinaires; mais il était facile de s'apercevoir qu'elle souffrait.

Lord Beverley et ses deux fils déjeûnèrent quelques jours après avec elle. Ce fut dans cette circonstance que Joséphine leur dit que depuis la chute de Napoléon, les Anglais étaient les seuls qui eussent assez de générosité pour parler de lui d'une manière convenable. Elle critiqua avec raison ceux qui, loin de respecter un malheur sans exemple, osaient non-seulement relever les torts de l'empereur après les avoir voulu justifier, mais en inventaient même dont il ne s'était jamais rendu coupable; elle s'étonna aussi de ce que Marie-Louise avait pu être retenue par des considérations secondaires loin de l'époux qu'elle disait aimer si tendrement. « Quoique je ne sois plus sa
» femme, ajouta-t-elle, je partirais demain
» pour aller le joindre, si je ne craignais de
» lui causer quelque désagrément avec cette
» compagne qu'il m'a préférée. C'est surtout
» dans ce moment qu'il est presque générale-
» ment abandonné, qu'il me serait doux d'être
» auprès de lui, pour l'aider à supporter l'en-
» nui du séjour de l'île d'Elbe, et pour prendre

» la moitié de ses chagrins. Jamais je ne gémis
» autant d'un divorce dont je fus toujours af-
» fligée. »

De telles expressions, pour qui a connu Joséphine, étaient sincères et nullement dictées par le désir de faire ressortir les torts de sa rivale. Les femmes surtout comprendront le redoublement d'attachement que lui inspirait la position de Napoléon ; elles sont souvent inconséquentes, légères, mais rarement elles changent, lorsque l'objet de leurs affections a besoin d'elles. Il suffit souvent d'une grande infortune pour ranimer un amour presque éteint, et pour rendre capable de tout sacrifier au bonheur de procurer quelques consolations à l'homme dont peu de jours avant on évitait la présence ; la pitié, la compassion ramènent à lui, plus que ne pourraient faire toutes les faveurs de la fortune ; aussi n'expliquerai-je jamais l'étonnant abandon de Marie-Louise dans ces douloureuses circonstances. Comme épouse, comme mère, sa place était à Sainte-Hélène. Elle eût été là plus puissante, plus respectée que près de son père, entourée de toute la pompe d'une cour qui ne convenait plus à la femme d'un proscrit. Ses apologistes les plus zélés ne parviendront jamais à la justifier ; et je doute que la postérité lui accorde d'avoir été digne du grand homme auquel elle fut unie ; tandis que Joséphine sera jugée ce qu'elle était en effet, la meilleure des femmes, et la plus faite pour partager un trône qu'elle affermit autant par l'attachement qu'on lui portait, que Napoléon s'y maintint par la gloire de ses armes.

L'empereur Alexandre alla voir l'impératrice Joséphine le 10 mai, et dîna à la Malmaison. Elle resta dans le salon malgré des souffrances réelles qu'elle cherchait à combattre. On fit une partie de barres après le dîner sur la belle pelouse qui est devant le palais ; elle essaya d'y prendre part ; mais ses forces la trahirent, et elle fut contrainte à s'asseoir. Sa figure altérée fut remarquée ; on lui fit mille questions auxquelles elle répondit en souriant ; elle assura qu'un peu de repos la remettrait ; on se retira espérant qu'en effet elle serait mieux le lendemain.

Le jour suivant, cherchant à calmer les inquiétudes que faisait naître son état, elle voulut faire sa promenade accoutumée, mais elle se trouva complètement mal, et fut ramenée dans sa chambre dans un état de faiblesse fort alarmant.

La journée ne fut pas bonne. Elle eut plusieurs évanouissemens. La nuit fut plus mauvaise encore; une sorte de délire s'était déjà emparé d'elle; fortement agitée, elle parlait beaucoup, bien que son médecin le lui eût défendu expressément.

Le 24 mai (c'était un vendredi) elle éprouva en s'éveillant un cuisant mal de gorge. Le roi de Prusse et l'empereur Alexandre étaient attendus ce jour-là à la Malmaison, où ils devaient dîner. M. Horeau trouvant un peu de fièvre à S. M., lui ordonna de rester dans son lit, et d'éviter le plus petit froid, d'autant qu'ayant été purgée, il pouvait être d'un vrai danger de prendre l'air. Voyant que l'impératrice ne paraissait pas disposée à suivre ses avis, il crut devoir prévenir madame d'Arberg, qui essaya d'obtenir que S. M. ne se levât pas. Tout fut inutile, elle voulut s'habiller comme à l'ordinaire, et descendre faire les honneurs aux souverains alliés. Elle se mit à table, assista au cercle; mais enfin ses maux augmentant, elle fut forcée de se retirer et de charger la reine Hortense de la remplacer.

Dès ce moment, sa maladie prit un caractère extrêmement sérieux. Le lendemain 25 mai, l'empereur Alexandre lui fit une visite, et la trouvant fort changée depuis la veille, il lui proposa de lui envoyer son médecin particulier, ce qu'elle refusa; de crainte de désobliger M. Horeau, dans lequel elle avait une grande confiance. Il avait été près de l'empereur médecin par quartier. Depuis le divorce il était attaché à l'impératrice, qui estimait son talent et son caractère.

Il avait l'habitude de ne la voir que le matin. Dès que sa consultation était faite, il partait pour Paris. N'ayant qu'une fort petite chambre à Boispréau, il ne restait jamais; ainsi c'est une grande injustice de l'avoir accusé de négligence dans cette fatale journée du 25. Il avait voulu rester à la Malmaison; mais l'impératrice, craignant qu'il ne l'empêchât de se lever comme elle en avait l'intention, le pressa de partir pour Paris comme de coutume. Son état n'avait alors rien qui pût inquiéter, il céda et partit.

Le soir on envoya chercher le docteur de Rueil, qui fut effrayé du danger de l'impératrice, dont l'imprudence avait des suites si funestes. Il jugea nécessaire d'appliquer immédiatement vingt-cinq sangsues derrière le col et entre les deux épaules. Il ne crut pas devoir prendre sur lui un remède si violent, il se contenta de l'indiquer; on envoya chercher M. Horeau à Paris; on fut quelque temps sans le trouver, enfin il arriva : il fut désespéré en trouvant S. M. dans une situation qu'il pensa ne laisser que bien peu d'espoir. Elle avait toute sa connaissance, mais ne parlait que difficilement. Ses yeux interrogeaient ceux de M. Horeau, qui faisait des efforts inutiles pour cacher son profond chagrin. Elle lui serra la main pour lui faire comprendre qu'elle connaissait son état; et elle eut dans cet affreux moment tout le courage que l'on devait attendre de son caractère.

M. Horeau s'entretint avec M. Lamoureux (le médecin qui avait été appelé) : ce dernier dit qu'il avait pensé qu'une application de sangsues eût pu sauver l'impératrice; qu'il n'avait

pas osé employer ce remède sans être approuvé par le médecin ordinaire de S. M. « Eh, Mon-
» sieur, s'écria celui-ci, dans un cas pareil, il
» ne fallait pas m'attendre : deux heures per-
» dues sont mortelles. »

On posa un vésicatoire entre les deux épaules, et les sinapismes aux pieds; mais, hélas! il était trop tard! et les progrès de ce mal affreux étaient aussi rapides qu'effrayans.

Cette femme angélique craignant toujours d'affliger ceux qu'elle aimait, ne se plaignait point, prenait tous les remèdes ordonnés; et par des regards doux et tendres, cherchait à rassurer toutes les personnes qui l'entouraient.

Elle apprit que le célèbre peintre de fleurs *Redouté*, dont elle admirait le talent, était à la Malmaison, où il venait dessiner deux belles plantes de la serre. Elle fit signe qu'elle voulait le voir. Dès qu'il parut, elle lui tendit la main, puis elle le repoussa doucement, en lui disant qu'elle avait peur que sa maladie pût se gagner. « La semaine prochaine, dit-elle,
» j'espère aller vous voir travailler à un chef-
» d'œuvre nouveau. »

Dans la nuit du 27 au 28, elle eut un sommeil léthargique qui dura cinq heures. A dix heures du matin, M. Bourdois arriva. Il jugea comme M. Horeau, qu'il n'y avait plus de ressources. Il crut devoir prévenir la reine Hortense et le vice-roi, qui, effrayés de la promptitude des ravages qui s'opéraient sur ce visage adoré, qu'ils contemplaient avec un effroi toujours croissant, la firent préparer à recevoir ses sacremens, et envoyèrent chercher le curé de Rueil pour l'administrer. Il n'était pas chez lui, et ce fut le gouverneur des jeunes princes de Hollande, qui était prêtre (mais depuis long-temps n'exerçait plus), qui la confessa. Elle répondit avec beaucoup de peine, sa langue devenant de plus en plus embarrassée ; mais sa figure ne perdit rien de son calme ni de sa bonté.

L'empereur Alexandre arriva à la Malmaison; à sa vue, Joséphine sembla se trouver mieux, et le regarda avec gratitude. Le prince Eugène, à genoux près de son lit, recevait la bénédiction de sa mère ainsi que la reine Hortense. Ils ne purent ni l'un ni l'autre adresser un mot à l'empereur, leurs sanglots seuls exprimaient leur douleur. «Au moins, dit Joséphine

» d'une voix expirante, je mourrai regrettée ; j'ai
» toujours désiré le bonheur de la France ; j'ai
» fait tout ce qui a été en mon pouvoir pour y
» contribuer; et je puis vous dire avec vérité, à
» vous tous qui êtes présens à mes derniers mo-
» mens, que la première femme de Napoléon
» n'a jamais fait verser une larme. » Ce furent
les dernières paroles qu'elle prononça, et le lendemain, 29 mai 1814, à onze heures et demie, tous ses maux étaient finis ! et ceux de sa famille sans remède ni consolation !..... (1).

(1) Elle est morte de ce que les médecins appelaient autrefois *esquinancie gangréneuse*, et nomment aujourd'hui *angine*.

CHAPITRE XXI.

Manière dont j'apprends cette nouvelle. — Quelques détails sur son enterrement. — Son tombeau. — M. Cartelier.

Vivant, comme je l'ai déjà dit, entièrement retirée, je ne sus pas la maladie de l'impératrice Joséphine; mon fils, âgé de quatre ans, vint tout essoufflé dans ma chambre, et me dit: « Maman, fais-moi prier le bon Dieu, pour » quelqu'un qui est mort. Tu l'aimais bien; elle » était bonne, elle est au Ciel, mais c'est égal, » je veux faire ma prière pour elle. » En achevant ces mots auxquels je ne compris rien, mais qui me causèrent cependant un saisissement extrême, cet enfant se jeta à genoux, joignit ses petites mains, leva les yeux, et attendait ainsi que je lui dictasse ce qu'il devait demander au *bon Dieu.* — Mais, cher petit, qui donc est mort, lui demandai-je avec une vive émotion? — Ta Joséphine dont tu parles toujours. — Comment, l'impératrice! — Je ne sais pas; mais c'est la femme de Bonaparte, l'épicier l'a dit à ma bonne, et je suis vite venu te le dire pour que tu me fisses faire ma prière comme pour les autres morts.

Je sonnai, pour savoir la vérité d'une nouvelle que je voulais croire être un des mille et un contes inventés dans Paris. Ma femme de chambre qui était avec nous à Navarre et à la Malmaison, entra chez moi avec une expression de tristesse si profonde, que je ne pus douter que l'impératrice ne fût en effet enlevée à ce monde, où les dernières années de sa vie avaient été si pénibles. J'appris peu de détails sur cette mort cruelle et subite. Je sortis sur-le-champ, et me rendis près d'une personne qui me dit tout ce que je viens d'écrire.

Il est peu d'événemens qui m'aient autant frappée, et surtout affligée à ce point. J'éprouvais le plus vif regret de n'avoir pas su la maladie de S. M.; j'eusse été à la Malmaison essayer de lui faire savoir que ses bontés n'étaient point oubliées par moi; je l'eusse moins regrettée, si j'avais eu la certitude qu'elle ne me croyait pas ingrate; mais je ne me sentis pas le courage d'approcher d'un lieu qui n'était plus qu'un tombeau. Ma famille partagea la juste douleur que j'éprouvai alors, et nulle part peut-être cette perte, sentie vivement, ne le fut autant que dans notre intérieur.

Depuis ce jour fatal de la mort de l'impératrice jusqu'au 2 juin, que devait avoir lieu l'enterrement, plus de vingt mille personnes revirent Joséphine pour la dernière fois. Je ne parle pas de quelques centaines de curieux qui *profitèrent de l'occasion* pour venir visiter la Malmaison : ceux-ci, après avoir salué le lit de parade (1), demandaient où était située la *Grande Serre*, et allaient en riant agacer les animaux étrangers. Un beaucoup plus grand nombre venait sangloter autour du corps ou prier en

(1) Le corps de Joséphine, placé sur un lit de parade dans un petit salon qui précédait la chambre où elle est morte, avait été entouré de cierges nombreux. Un autel richement décoré était élevé à droite de la porte d'entrée, et entouré de chaises et de fauteuils. Ce salon

s'agenouillant. Ensuite, ils visitaient avec recueillement ces berceaux que Joséphine avait plantés; ces champs qu'elle avait fait ensemenser; les arbustes qu'elle avait arrosés de ses mains délicates. Partout on admirait son ouvrage, et l'on semblait chercher ce qui pouvait ajouter aux regrets que chacun éprouvait. Les jeunes filles attirées dans ce lieu de douleur, pleuraient beaucoup; elles savaient que plusieurs de leurs compagnes avaient dû à l'impératrice de voir aplanies des difficultés élevées par l'intérêt pour empêcher un heureux mariage. Les vieillards gémissaient en pensant qu'ils perdaient les pensions qui leur procuraient quelques petites douceurs; les mères versaient des larmes en songeant aux fils que la bienfaisance de Joséphine leur avait rendus, soit en les rachetant de la conscription, soit en les faisant réformer, soit enfin en obtenant leur congé. On s'abordait sans se

---

était drapé de noir, mais sans chiffre ni écusson. Deux desservans, appartenant à des villages voisins, le curé de Rueil et quatre valets de chambre, gardaient le corps de Joséphine dont le visage avait été recouvert d'un mouchoir de batiste.

(Note de l'éditeur.)

connaître, pour se raconter mutuellement ce qui honorait la mémoire de Joséphine. Rien ne rapproche comme la douleur; aussi plusieurs ennemis se réconcilièrent dans ce jour solennel où tout était oublié, hors les bontés de celle que l'on pleurait : ils s'abordèrent pour parler d'elle, et son souvenir amena plus d'un raccommodement. Etait-il possible de s'en vouloir près de la tombe de celle qui eut tant à pardonner? ainsi son souvenir suffisait pour opérer ce que sa présence eût pu faire. Le lent tintement des cloches de toutes les paroisses environnantes appelait les fidèles à aller au pied des autels déposer l'hommage de leur juste reconnaissance.

A midi, les funérailles eurent lieu avec la plus grande pompe, dans la modeste et petite église du village de Rueil, paroisse de la Malmaison.

Les coins du drap mortuaire étaient portés par le grand-duc de Bade (époux de la grande-duchesse Stéphanie de Beauharnais, nièce de l'impératrice), le marquis de Beauharnais, ancien ambassadeur, beau-frère de Sa Majesté; le comte de Tascher, son neveu; et, je crois, le comte de Beauharnais, chevalier d'honneur de Marie-Louise.

Le cortège sortit par la grille d'entrée de la Malmaison, et suivit la grande route jusqu'à Rueil. Le général Sacken, représentant l'empereur de Russie, et l'adjudant-général du roi de Prusse, remplaçant son souverain, se rendirent à pied à la tête du convoi, ainsi qu'un grand nombre de princes étrangers, de maréchaux, de généraux et d'officiers français (1). Les bannières des différentes confréries de la paroisse, et vingt jeunes filles vêtues de blanc, chantant des cantiques, faisaient partie du cortège, dont la haie était formée par des hussards russes, et des gardes nationaux. Deux mille pauvres de tout âge fermaient la marche (2).

Le général Sacken fut chargé, de la part de

(1) MM. les ducs de Rivière et de Polignac avaient été *invités* par la famille de l'impératrice. Ils ne rendirent pas ce dernier hommage à la femme bienfaisante qui leur avait sauvé la vie!....

(2) L'amie dont je tiens ces détails assistait à cette cérémonie; elle ne quitta la Malmaison qu'à six heures du soir, et voulut encore une fois revoir l'église de Rueil,

son maître, d'annoncer aux parens de l'impératrice, réunis à la Malmaison, qu'affecté trop profondément de la mort de Sa Majesté, il voulait consacrer les trente-six heures qu'il avait encore à rester à Paris à *l'excellent prince Eugène* et à sa sœur. Il ne les quitta en effet que pour retourner dans ses Etats.

On compte plus de quatre mille habitans des communes voisines qui s'étaient as-

qui devait à Joséphine ses murailles nouvelles et le rétablissement de son sanctuaire.

Une vaste draperie de deuil couvrait encore ce temple, qui venait de perdre sa bienfaitrice, qui devait lui être rendue plus tard (1). Lorsqu'une tête couronnée tombe aux pieds de la mort, la vanité s'empresse de relever la couronne pour en décorer le cercueil. A Rueil on ne voyait aucun ornement ; on ne lisait aucune inscription, mais les pleurs et les sanglots des souverains de l'Europe se joignirent aux pauvres de la France pour prononcer l'oraison funèbre de la *bonne Joséphine!.....*

(1) Le corps de l'impératrice Joséphine est maintenant dans un magnifique tombeau en marbre blanc, élevé par ses deux enfans. Sa Majesté y est représentée en costume impérial : elle est à genoux, et semble prier pour la France. *Eugène et Hortense à Joséphine,* sont les seuls mots qui soient gravés sur ce beau monument placé dans une chapelle) et que l'on doit au talent supérieur de M. Cartelier. Je ne sais si la critique peut y trouver quelque défaut. J'avoue que j'ai trop pleuré en regardant cette statue pour ne pas la croire parfaite.

semblés pour rendre un dernier hommage à la mémoire d'une princesse qui avait si bien mérité le titre de *mère des pauvres et des affligés*. M. de Barral, archevêque de Tours, son premier aumônier, assisté de MM. les évêques d'Évreux et de Versailles, célébra la messe; après l'Évangile, il prononça une courte mais touchante oraison funèbre.

Le corps de Joséphine, placé dans un cercueil de plomb, renfermé dans une caisse de bois, fut ensuite déposé provisoirement dans une partie du cimetière où se trouvaient les corps des cent trois personnes qui avaient été écrasées dans la rue Royale, en revenant du feu d'artifice, tiré sur la place Louis XV, à l'occasion du mariage de Louis XVI avec Marie-Antoinette.

En arrivant au cimetière, la reine Hortense, qui était constamment restée dans une des chapelles de l'église de Rueil, se précipita sur la tombe de sa mère où elle demeura quelque temps comme absorbée. On fut obligé de l'arracher de ce funeste lieu. La cérémonie ne fut terminée qu'à cinq heures du soir.

Toute la maison de l'illustre défunte fondait

en larmes, et plusieurs étrangers qui se trouvaient présens, et qui cependant ne l'avaient connue que depuis la restauration, mêlèrent leurs pleurs à ceux de toutes les personnes heureuses ou consolées par elle.

CHAPITRE XXII.

Proposition de réception d'un chevalier de l'Éteignoir. — Le général Beauvais parle du débarquement de Napoléon à Cannes. Madame de La Valette. — Mademoiselle Duchesnois. — Son bon cœur. — Le colonel Duchamp. — Son mariage. — Fête donnée au Louvre par M. le comte de Vaudreuil, gouverneur. — Monseigneur le duc de Berry. — M. de Vaudreuil. — Singulière méprise relative à madame Princeteau, sœur du duc Decazes. — Monseigneur le duc de Berry. — Audience qu'il m'accorde.

Les Mémoires sur l'impératrice Joséphine devaient finir ici ; mais j'ai éprouvé le besoin d'y joindre quelques faits honorables dont j'ai été témoin en 1815. J'ai connu beaucoup de personnes qui ont joué un rôle pendant cette année, et celles qui l'ont suivie ; j'ai surtout voulu raconter plusieurs faits qui méritent d'être consignés dans des Mémoires historiques ; et j'ai conservé la plume, que je ne quitterai que lorsque je n'aurai plus qu'à parler de moi.

Le général Beauvais nous parla du *Nain-Jaune* comme d'une brochure amusante sans aucune conséquence. Il nous prêta même les premiers numéros, qui, beaucoup plus modérés que ceux qui suivirent, nous firent rire, et ne nous parurent pas dangereux.

Je devais donner un bal en costume, et M. Beauvais me proposa de recevoir un chevalier de l'éteignoir, ce qui serait une jolie mascarade. Avec mon étourderie ordinaire j'acceptai ; enchantée des préparatifs qu'il faudrait faire pour cette cérémonie, à laquelle je n'attachais aucune idée de politique. Mes parens, plus prévoyans, me dirent que l'on ne désignait sous ce titre que des royalistes ; et que conséquemment ce n'était pas chez moi qu'il fallait que cette plaisanterie eût lieu. Je cédai à ces observations, et renonçai à ce projet. Peu après, le *Nain-Jaune* devint tout-à-fait séditieux, et je m'applaudis d'avoir suivi de bons conseils. Au risque d'être gratifiée du *double étei-*

gnoir, je voulais conserver le titre honorable de dévouée aux Bourbons.

Notre attachement extrême pour l'impératrice Joséphine n'était point une contradiction, car nous ne l'avions témoigné que lorsqu'elle n'était plus, pour ainsi dire, qu'une riche particulière devenue étrangère au gouvernement.

Quelques jours après le bal dont je viens de parler, j'étais aux Variétés; le général Beauvais entra dans notre loge avec un air rayonnant que je ne lui avais jamais vu. Eh bien! nous dit-il, savez-vous la nouvelle?—Non; mais c'est sûrement une chose heureuse, car vous me paraissez fort gai. — Oh! ce n'est point une certitude, et d'ailleurs que m'importe? On prétend que Napoléon est revenu de l'île d'Elbe avec ses *grognards*; qu'il est débarqué à Cannes et qu'il s'avance sur Paris.—Ce serait assurément un grand malheur! Croyez-vous possible qu'il ait la folie de s'exposer à des dangers certains; et le croyez-vous capable de manquer à sa parole? — Je ne crois rien; je vous répète seulement ce que l'on assure.

La conversation finit là, et nous crûmes que

le général n'avait voulu faire qu'une plaisanterie. Deux jours après, cette funeste nouvelle fut publiée comme officielle, et les mesures les plus sévères ordonnées pour s'opposer aux progrès de Napoléon. Sa tête fut mise à prix, et l'on pensa que cette inconcevable témérité serait sans succès.

Des événemens impossibles à prévoir (beaucoup trop connus et trop bien tracés par des plumes habiles, pour que je les raconte), bouleversèrent de nouveau ma patrie, forcèrent nos princes à s'éloigner une seconde fois, causèrent une suite d'infortunes dont nous nous ressentons encore, et firent mourir sur un rocher le vainqueur du monde...! Pour lui comme pour nous, il faut gémir de ce retour qui replongea la France dans la plus cruelle anarchie, et la priva de plusieurs hommes qui savaient l'honorer. Un voile lugubre doit être jeté sur cette époque fatale où tant de larmes furent répandues; qu'il me soit permis cependant d'en soulever un coin pour montrer l'héroïsme d'une femme qui se dévoua complètement pour sauver un parent malheureux. Elle n'est plus...! Mais elle a laissé des enfans pour lesquels la noble conduite de leur mère est un bel héritage.

Lors de l'arrestation de M. de Labédoyère, plusieurs de ses compagnons d'armes voulurent le sauver; ils s'entendirent avec madame la marquise de Lavalette (1) sa cousine, pour faire réussir le plan arrêté pour son évasion. Elle risqua des démarches d'une difficulté extrême, et vendit une propriété afin de se procurer l'argent nécessaire. Dénoncée à la Police, elle fut obligée de se cacher; une de nos plus célèbres actrices, mademoiselle Duchesnois, qui la connaissait beaucoup, ne craignit pas de se compromettre en la recueillant chez elle. Madame de Lavalette y fut six semaines entourée des soins les plus tendres, et lorsqu'après un jugement qui l'acquitta elle alla en Amérique, elle chargea sa généreuse amie de veiller sur ses enfans qui restaient en pension à Paris. Mademoiselle Duchesnois leur rendit mille services, et fit pour eux ce qu'une sœur eût pu faire. Ce n'est pas la seule fois que son excel-

(1) Ce n'est point celle qui prit courageusement la place de son mari à la Conciergerie.

lent cœur l'a portée à s'exposer pour être utile à des amis proscrits et malheureux. On pourrait citer d'elle une foule de traits de ce genre. Dans ses voyages, elle a presque toujours donné des représentations au bénéfice des pauvres, et jamais elle n'a refusé de coopérer à une bonne action.

En 1815, les mêmes témoignages d'amour furent prodigués à nos princes, lorsqu'après une hésitation de quelques heures, ils se décidèrent à quitter Arnouville, pour faire leur entrée dans Paris. Des gardes nationaux avaient bivouaqué dans la plaine Saint-Denis pour les précéder. Toutes les légions étaient confondues, et six mille hommes impatiens de contempler plus tôt leur roi, servirent d'escorte. On fut un peu surpris de voir à leur tête plusieurs officiers supérieurs qui avaient signé la proclamation à la garde nationale, dans laquelle ils déclaraient que Louis XVIII ne devait rentrer dans sa capitale qu'avec la cocarde tricolore. Ou il fallait ne pas proposer une chose semblable au frère de Louis XVI, ou il fallait soutenir son opinion, et ne pas se montrer les premiers devant la voiture royale avec la cocarde blanche. Je conçois que chacun ait sa manière de penser, de sentir en politique; mais je n'explique pas que d'un jour à l'autre on puisse changer totalement de sentiment. Est-il possible d'estimer des hommes aussi légers, aussi inconséquens dans leur conduite? On peut pardonner cette versatilité à une femme dont l'opinion n'est d'aucun poids; mais on doit se montrer sévère pour ceux qui, appelés à servir d'exemple à leurs concitoyens, varient, balancent et compromettent ainsi la tranquillité publique, en entraînant les gens faibles et irrésolus.

Je citerai pour exemple d'une belle conduite, dans des temps difficiles, celle du colonel Duchamp, qui, devant sa fortune à l'empereur, ne voulut pas servir les Bourbons. Il donna sa démission dès qu'ils furent sur le trône. Au retour de Napoléon, il reprit du service; en juillet 1815, on lui offrit de conserver son régiment; mais il déclara, avec la franchise d'un soldat, qu'il ne voulait pas servir les successeurs de son bienfaiteur. Voilà une loyauté qui doit être admirée de tous les partis. Elle a été récompensée, puisqu'une jeune Anglaise, fort jolie, très-riche, l'a épousé depuis, et qu'il trouve dans son intérieur autant de bonheur qu'il avait de gloire à l'armée. Suivant moi, l'un vaut encore mieux que l'autre.

M. le comte de Vaudreuil, gouverneur du Louvre, avait beaucoup connu ma famille en émigration; il nous engagea à une très-belle fête qu'il donnait à M. le duc de Berry. Cette soirée devait commencer par un concert et des proverbes, et se terminer par un bal. Madame de Vaudreuil était encore jolie; sa toilette verte et amarante était une attention aimable pour le prince, dont elle portait ainsi les couleurs : on aurait pu croire qu'il y avait un peu de coquetterie dans le choix de cette parure qui lui allait à ravir. Elle fit les honneurs de chez elle avec une aisance parfaite; son spirituel mari, après avoir été le jeune homme le plus à la mode de la cour, était alors le modèle des aimables vieillards. Indulgent, gai, contant bien, sa société plaisait à ceux qui préfèrent à tout une conversation instructive et agréable; quoique souffrant des douleurs continuelles, son humeur égale et son obligeance ne se démentaient jamais; pour rendre service, il savait retrouver ses forces, qu'il perdait dès qu'il ne s'agissait que de lui. Madame de Vaudreuil, plus jeune que lui de quarante ans (1), je crois, consacrait sa vie à le soigner, et à rendre sa maison gaie afin qu'il s'amusât. Ne sortant que pour aller à la cour, elle prodiguait ses soins alternativement à son époux, et à sa vieille mère, devenue exigeante, et n'ayant jamais été qu'une bonne femme sans esprit, dont l'accent languedocien très-prononcé était resté dans toute sa pureté.

Le prince arriva exactement à l'heure convenue. Il parla à tout le monde pour adresser des choses aimables à chacun. Il parut s'amuser beaucoup, fit des complimens aux artistes, et partit tard.

On me raconta qu'avant que nous n'arrivassions, le valet de chambre avait fait une singulière bévue. Habitué à annoncer tout au

---

(1) Il fut son parrain, et dit en plaisantant le jour de son baptême, en montrant sa filleule : Je n'épouserai jamais que cette petite fille-là. Heureusement pour lui cette plaisanterie devint une réalité.

moins des barons, des chevaliers, il ne pensait pas qu'il fût possible que *M. le comte* reçût des personnes qui n'eussent point de titres. Une dame paraît, il s'empresse de lui demander son nom qu'elle dit assez bas. Il entend mal, et crie à tue tête, *madame la princesse Tot.* Cette dame était madame Princeteau, sœur de M. le duc Decaze. Je n'ai point été témoin de cette scène qui me fut racontée par quelqu'un qui détestait le ministre, dont la faveur était alors excessive. On assurait que sa sœur la partageait. Je pense que l'on a fort exagéré sur ce dernier point, car madame Princeteau vit maintenant fort simplement; si elle eût été si comblée des bontés de Louis XVIII, elle serait encore riche et recherchée, tandis qu'elle est oubliée même de ceux auxquels elle fut utile. Sa figure était douce et intéressante, et son caractère, dit-on, aussi aimable que son esprit. Je ne l'ai point connue, mais je l'ai vue souvent très-entourée, très-flattée, et toujours gracieuse et bienveillante. Elle chantait bien, et avec une grande complaisance; tous ces avantages ne la préservent pas de l'ingratitude et de l'abandon! ce qui paraît simple dans ce siècle : elle n'est plus riche!

J'examinai beaucoup monseigneur le duc de Berry, et je vis qu'en effet, c'était bien le garde national que j'avais heurté sans façon sur l'escalier des Tuileries, en allant voir M. le comte de Mesnard. Sa figure n'était point belle, sa taille manquait d'élégance; mais ses yeux et son sourire étaient expressifs et agréables ; tout ce qui l'entourait s'accordait à louer ses excellentes qualités, son esprit et la bonté de son cœur. Il a depuis prouvé à quel degré il portait les vertus qui doivent se remarquer dans un prince; son héroïque mort a appris tout ce qu'eût été sa vie ! Deux défauts lui étaient reprochés par les ennemis de toute sa famille, empressés d'en découvrir dans tout ce qui portait le nom de Bourbon. On l'accusait d'une excessive brusquerie, on en citait des traits sans doute exagérés par la haine, et l'on y joignait le récit d'une foule d'aventures galantes. Sans doute il eut des mouvemens d'une trop grande vivacité; mais, dans les dernières années de sa courte existence, il s'était sensiblement corrigé, de ce qui était bien plus la suite d'une éducation entravée par des voyages continuels, qu'un vice de l'âme. Quelle plus grande preuve peut-on donner de la noblesse de la sienne, que cette instance qu'il mit à demander la grâce de son infâme meurtrier?

J'eus besoin de sa protection pour obtenir une chose que je désirais vivement, et qui souffrait de grandes difficultés. Je lui fis demander une audience qui me fut accordée le soir même à six heures. J'arrivai aux Tuileries, fort intimidée par l'idée de me trouver avec un *fils de France*. Malgré moi je craignais qu'il ne me refusât un peu brusquement, car j'avais été étourdie de tous les contes faits sur cette imperfection de son caractère. Arrivée dans le salon de service, où j'attendis le moment d'être introduite, je fus plus décontenancée encore par les plaisanteries que me firent quelques-uns de ses officiers, avec lesquels ma famille était en intimité. Lorsque l'huissier vint m'annoncer que je pouvais passer chez son altesse royale, je sentis ce tremblement dont je n'ai pu me défaire dans aucune des occasions de ce genre; et j'entrai dans un grand salon éclairé médiocrement par quatre bougies, ne sachant plus

ce que je venais demander, et au moment de m'en retourner, ne me sentant pas le courage d'ouvrir la bouche. En apercevant le prince ma crainte cessa, car sur ce visage que je m'étais représenté devoir être sérieux et sévère, je ne vis qu'une expression de douceur et d'indulgence. Il me prit par la main, et me faisant asseoir près de lui, il me demanda en quoi il pouvait m'être utile. Je lui expliquai en peu de mots ce que je desirais. — « Com-
» ment, Madame, vous voulez mon apostille?
» En vérité vous avez tort; je n'ai aucun crédit,
» car j'ai fait le *voyage sentimental de Gand*, et
» mon nom n'est point une recommandation
» près du ministre auquel vous avez affaire; ce-
» pendant, si vous pensez que je puisse quelque
» chose, je veux au moins vous prouver que
» j'ai de la bonne volonté. » En achevant ces mots, il s'approcha d'une table sur laquelle était une écritoire, et il mit quelques mots fort pressans au bas de la pétition que je lui avais présentée; puis revenant à moi:« Je pense, dit-il, qu'il vaut mieux que je la remette moi-même au ministre; votre famille a tant souffert pour nous, Madame, que je serai heureux de

lui être utile. » Il me fit plusieurs questions auxquelles je répondis le plus brièvement possible, et voulus ensuite m'en aller. — « Pourquoi donc » vous tant presser de me quitter, Madame? c'est » un *revenant bon rare*, que de recevoir des vi- » sites agréables, ainsi veuillez ne pas me priver » si vite de la vôtre. » Il me demanda quelques détails sur une personne célèbre (ma parente), dont il aimait le talent; me pria de lui dire combien il l'estimait, et enfin voyant que je me levais de nouveau, pour prendre congé : — « Je ne vous retiens plus, Madame, me » dit-il; je vois que vous brûlez d'être chez vous, » et je sais pourquoi; les femmes qui aiment » leurs maris, ne sont bien qu'avec eux. Si je » puis encore vous être utile, de grâce, em- » ployez-moi. » Il me reconduisit jusqu'à la porte du salon, avec une politesse pleine de grâce, que n'ont assurément pas toujours nos ministres.

J'obtins ce que monseigneur le duc de Berry voulut bien demander pour moi; et je dois ici consigner la profonde reconnaissance que m'a inspirée la bienveillance dont j'ai été honorée par cet infortuné prince.

CHAPITRE XXIII.

Madame la duchesse de Berry arrive à Paris. — Joli mot d'elle. — Sa bonté. — Inscription touchante. — Madame la duchesse de Berry prend des maîtres. — Vente des ouvrages des princesses. — Madame la duchesse de Reggio. — MM. de Levis et de Mesnard. — Exhumation de monseigneur le duc d'Enghien. — Madame la comtesse de Bradi. — Germanicus, tragédie de M. Arnault. — Sang-froid de Louvel pendant la lecture de sa sentence. — M. le marquis de Pérignon y assiste à la Conciergerie.

On parlait beaucoup du mariage de monseigneur le duc de Berry. Chacun lui choisissait une compagne; enfin, l'on sut que la princesse de Naples devait être demandée pour lui. Les grands politiques de salon critiquèrent ce choix, qui, disaient-ils, n'augmentait pas la puissance de la France; ils désiraient la sœur de l'empereur de Russie, et murmurèrent long-temps de ce que leurs judicieux avis ne fussent pas suivis, et de ce que le roi de France et monseigneur le comte d'Artois, osassent marier le prince sans le consentement de profonds et savans hommes d'État.

La princesse débarqua à Marseille où elle charma tout le monde par une affabilité qui n'a fait qu'augmenter, et qui la rend l'idole de la France. Les personnes désignées pour faire partie de sa maison, écrivirent mille détails sur S. A. R. qui plurent généralement. Les dispositions peu bienveillantes pour elle cessèrent ; on fut impatient de voir cette princesse si jeune, si bonne, et sachant si parfaitement l'art de se faire aimer. On se racontait les réponses spirituelles qu'elle faisait aux fastidieux discours qui lui étaient adressés. On cita un mot qu'elle dit à M. le duc de Levis. Dans toutes les harangues, on s'empressait de lui parler des enfans qu'elle allait donner à la France ; ces éternelles répétitions la frappèrent. « Mon dieu, dit-elle à son chevalier d'honneur, » les Français aiment donc terriblement les » enfans? ils ne me parlent que du désir que j'en

» aie beaucoup; ils ne me disent jamais rien » du bonheur du duc de Berry. *C'est cependant* » *pour le rendre heureux que je suis venue, n'est-* » *ce pas ? Oh ! oui ! et puis encore pour faire* » *du bien. Je remplirai ces deux devoirs avec grand* » *plaisir.* » En effet, elle a su embellir l'existence de celui qu'elle aimait tendrement ; et chaque jour qui s'écoule, prouve davantage qu'elle remplit de même la seconde tâche qu'elle s'était imposée.

S. A. R. fit son entrée à Paris dans une calèche découverte dans laquelle se trouvaient le roi, madame la dauphine et monseigneur le duc de Berry. Une pluie battante durait depuis le matin, mais le soleil se montra au moment où le cortége passait la barrière, et le temps se soutint pendant le reste de la journée. On regarda cet évènement très-simple, comme un présage de bonheur, hélas il a été cruellement trompeur !....

La population toute entière semblait s'être portée au-devant de S. A. R., dont la douce figure et l'air enfantin gagnèrent tous les cœurs. Les fenêtres étaient ornées de drapeaux, de guirlandes; des femmes élégamment parées jetaient des fleurs au moment où la voiture passait, et l'on remarqua plusieurs inscriptions fort ingénieuses. Celle qui décorait l'hospice des Enfans-Trouvés, fut aussi simple que touchante. « *Elle sera notre mère.* » C'était presque une prédiction, car madame la duchesse de Berry a fondé l'hospice des Enfans de la Providence; institution précieuse, qui chaque année reçoit un nouvel accroissement, et soutient l'existence d'une foule d'infortunes, qui n'ont en effet que Dieu pour père, et la princesse pour mère.

Les fêtes les plus brillantes se succédèrent pour célébrer l'heureuse union qui devait donner des héritiers au fils de Saint-Louis. On admira de plus en plus la grâce et l'amabilité de S. A. R., et le duc de Berry parut jouir des succès qu'elle obtenait. Il sut lui inspirer le goût de l'étude. Les malheurs des princes de Naples, avaient mis beaucoup d'obstacles à ce que son éducation fût terminée : avec une persévérance bien rare dans une princesse entourée de toutes les distractions d'une cour, et livrée à toute la séduction d'un premier amour, elle prit des maîtres, étudia avec constance, et parvint en peu de temps à acquérir plusieurs talens agréables, et une véritable instruction. Elle ne souffrait pas que l'on fût chez elle sans rien faire. Pour plaire à S. A. R., il fallait rivaliser d'application avec elle. Je ne sais trop si toutes ces dames s'amusaient de ce goût de la princesse; mais forcées de s'y soumettre, plusieurs acquirent peut-être beaucoup à la suivre. Madame la duchesse de Berry fait avec une vraie perfection une grande quantité de beaux ouvrages qu'elle donne aux églises, ou qu'elle fait vendre au profit des pauvres, à des expositions annuelles. Les courtisans mettent un prix considérable à ce que font les princesses, qui trouvent ainsi un moyen de plus de soulager la classe malheureuse, et savent faire tourner au profit de l'indigence une flatterie, qui s'ennoblit par ses résultats (1). Madame la duchesse de Reggio, dont le nom rappelle de grands talens militaires, et maintenant toutes

(1) Habitant une fort petite ville de province (Meung sur Loire) dans laquelle se trouve un hospice dirigé avec un zèle extrême par des sœurs hospitalières, j'ai demandé à madame la duchesse de Berry par l'entremise de M. le comte de Mesnard (toujours prêt à se charger de semblables requêtes), un bouquet d'autel pour une cha-

les vertus qui honorent une femme, seconde parfaitement les intentions de la princesse, en l'aidant à chercher des infortunés à soulager. Confidente de toutes ses actions, elle n'a que l'embarras de choisir lorsqu'il faut les citer; et, si elle ne raconte pas plus, c'est que sa modestie lui défend de divulguer ce que sa bonté a conseillé. MM. de Levis, de Mesnard, étaient tous deux bien dignes aussi d'être attachés à la princesse. Quel plus bel éloge est-il possible de faire d'eux?

Le 22 mars 1815, on exhuma M. le duc d'Enghien du fossé où il fut si cruellement traité. Une messe en musique fut exécutée par les artistes les plus célèbres, dans la modeste église de Vincennes, dont le curé avait été aumônier de monseigneur le duc d'Enghien. Il prononça un discours touchant, qui

pelle qui venait d'être restaurée nouvellement. S. A. R. a daigné envoyer des fleurs superbes *faites par elle*, accompagnées d'un mot obligeant pour les respectables religieuses, qui n'ont qu'une occupation, celle de secourir tous les maux. On a inauguré ce bouquet reçu avec une vive reconnaissance, le jour de la fête de S. A. R.

eût produit un grand effet, s'il n'eût été récité avec un accent normand insupportable. Tous les officiers de la maison du roi et des princes assistaient à cette cérémonie, ainsi qu'un grand nombre de pairs, de généraux, et le corps d'officiers des régimens d'artillerie de la garde royale. Une quête abondante fut distribuée aux pauvres; c'était la meilleure manière de solenniser ce jour.

Nous allâmes visiter les restes de monseigneur le duc d'Enghien, déposés provisoirement dans la salle, où un prétendu conseil de guerre l'avait jugé. Je ne puis exprimer le saisissement qui s'emparait de tous ceux qui entraient dans ce lieu, devenu un sanctuaire expiatoire. On ne parlait pas; mais les yeux fixés sur le catafalque, on s'agenouillait machinalement, comme forcé de s'incliner devant ce monument renfermant un héros, dernier des Condé! Je n'ai éprouvé une émotion semblable qu'en allant visiter la chapelle ardente de monseigneur le duc de Berry. Une mort presque pareille unissait ces deux jeunes princes; car peut-on ne pas regarder comme un assassinat celle de monseigneur le duc d'Enghien?

Nous retrouvâmes à cette époque avec un véritable plaisir madame la comtesse de Bradi, dont nous étions privés depuis longtemps. Pour achever l'éducation de ses enfans, dont elle fut la seule institutrice, elle s'était fixée dans une belle terre qu'elle possède près d'Orléans. Recherchée dans le monde pour sa belle figure, son esprit vif et brillant, son instruction, et surtout son angélique bonté, elle avait renoncé sans effort à tout ce qui séduit ordinairement une jeune personne, afin de se livrer sans distraction aux sentimens les plus chers à son cœur. Ses amis la regrettaient, et ne se consolaient de sa longue absence, qu'en lisant les ouvrages charmans qu'elle écrivait dans ses momens de loisir, et en songeant qu'elle était heureuse, puisqu'elle voyait réussir au-delà de ses désirs le plan qu'elle suivait, pour faire de ses filles des femmes qui pussent un jour lui ressembler, et qu'elle soulageait les maux de tous les paysans du village qui trouvaient en elle une garde assidue, une bienfaitrice, une mère!

Ramenée à Paris par les événemens de 1815, elle y employa l'ascendant qu'elle doit avoir par-tout, pour rendre de nombreux services. Elle a depuis lors été pour moi l'amie la plus parfaite; il m'eût été impossible de ne pas m'en vanter.

La représentation de *Germanicus*, tragédie de M. Arnault, servit de prétexte à des scènes affligeantes, entre les officiers de la garde, et ceux de l'ancienne armée (1). Les opinions opposées amenèrent des duels fréquens, entre ceux qui applaudissaient et ceux qui sifflaient la pièce, qui fut retirée alors du répertoire, où elle a été remise depuis. Ils avaient également tort, car c'était sans écouter que l'on s'érigeait en juge; par je ne sais quelle calomnie, on me compta au nombre des femmes qui s'étaient donné le travers de se mêler de ces querelles; j'ai su que M. Arnault l'avait cru. Je n'ai jamais cherché à me mettre en avant pour rien; et certes, si j'eusse dû changer de manière d'être, ce n'eût point été dans cette

---

(1) Le colonel de Fitz-James, alors lieutenant dans la Garde, se battit trois fois le même jour; ce qui prouve à quel point les têtes étaient exaltées, car personne n'est moins querelleur que cet officier si distingué.

circonstance. L'auteur de Germanicus n'était point heureux, je l'avais beaucoup connu dans mon enfance, il fut lié avec une tante pour laquelle j'ai conservé un tendre attachement; ainsi, bien certainement j'aurais évité tout ce qui aurait pu augmenter ses chagrins. Au reste, pendant qu'il éprouvait celui d'une chute, j'étais en proie à une douleur tellement vive, qu'elle ne me permettait même pas de songer à ce qui se passait au Théâtre-Français. Je repousserai toujours les accusations injustes; voilà pourquoi j'ai parlé de celle-ci.

La naissance de *Mademoiselle* vint consoler de la mort de sa sœur; et bientôt après, celle de monseigneur le duc de Bordeaux eût comblé tous les vœux si le plus affreux événement n'eût comprimé douloureusement tous les cœurs. Les regrets que causait la perte de monseigneur le duc de Berry, loin de diminuer par la vue de son fils, prenaient encore une nouvelle force. « Comme son père eût été heureux! s'écriait-on, en contemplant ce jeune prince orphelin avant de voir le jour!—Quelle amertume doit se joindre au bonheur de sa courageuse mère! répétait-on avec attendrissement, en songeant à tout ce qu'elle venait de souffrir. » On se portait en foule devant les fenêtres de la nouvelle accouchée, qui, faible, pâle, soulevait cependant son fils pour le montrer au peuple avide de le voir; elle trouvait la force de sourire lorsque son cœur était déchiré. On répondait à ce sourire par des larmes, seule expression de reconnaissance qui pût la toucher.

Je n'oublierai jamais l'effet que produisit sur moi madame la duchesse de Berry entourée de ses deux enfans, à la croisée de cet appartement encore drapé de deuil! c'était la douleur consolée par l'espérance!

Essayer de parler de la mort de monseigneur le duc de Berry, serait de ma part une témérité aussi sotte que ridicule. M. de Chateaubriand, dont la plume vaut le meilleur pinceau, s'est chargé de nous retracer toute cette scène affreuse, avec l'énergie et l'éloquence qui semblent lui être naturelles. Je veux seulement dire quelques mots du sang froid inconcevable que déploya le féroce Louvel, lorsque M. Cauchy, archiviste de la chambre des pairs, fut lui lire sa sentence de mort.

M. le marquis de Pérignon (1) demanda au grand référendaire la permission de suivre M. Cauchy, ce qui lui fut accordé, pourvu qu'il quittât l'habit de pair.

Lorsque ces messieurs arrivèrent, Louvel *dînait*. On le fit appeler; et sans se troubler, il salua profondément ceux qui venaient lui annoncer la mort! Pendant tout le temps que dura la lecture de cette fatale sentence, il se nettoyait les ongles, et paraissait écouter assez indifféremment; il eut seulement une très-légère contraction de lèvres au mot *mort;* mais il se remit promptement. M. Cauchy lui demanda avec douceur, s'il ne désirait pas voir un prêtre. — « Pourquoi faire, Monsieur, dit » Louvel? un malade fait demander un méde- » cin, parce qu'il souffre, et qu'il désire être » soulagé; mais ma conscience étant tranquille,

(1) M. le marquis de Pérignon, fils du maréchal de ce nom, est pair de France, gentilhomme de la chambre du roi. Il fait rarement son service, et n'assiste pas à toutes les sessions; il est aussi chef d'escadron. On s'étonne avec raison, qu'il n'ait pas fait la campagne d'Espagne, puisque c'est dans ce royaume que son père s'est le plus illustré.

» je n'ai pas besoin pour elle du docteur que
» vous me proposez : il faut laisser cela aux
» femmes. — Voulez-vous que l'on fasse venir
» votre famille? — Non, Monsieur, toute ré-
» flexion faite, cela m'attendrirait. Je lui écri-
» rai; cela vaudra mieux. Adieu, Messieurs, je
» vous remercie, j'ai été jugé en bonne compa-
» gnie; voilà ce qu'il y a de sûr. Je vais achever
» de dîner. » (1)

M. de Pérignon, en sortant de la Conciergerie, nous répéta ces paroles, qui se gravèrent dans ma mémoire, et dont je garantis la vérité.

(1) On sait qu'étant prisonnier au Luxembourg, il demanda une bouteille d'excellent vin, et un poulet rôti, afin de faire une fois en sa vie un *bon repas*, et qu'il sollicita une paire de *draps fins*, pour la dernière nuit qu'il devait passer dans le palais, pour connaître les jouissances du luxe. Ces demandes lui furent, dit-on, accordées.

CHAPITRE XXIII.

Lettres de Joséphine : Au citoyen Barras, membre du Directoire exécutif. — A M. de Sansal. — A madame Fanny de Beauharnais. — Du général Bonaparte à sa femme. — Du colonel Eugène Beauharnais à sa mère. — A mademoiselle Hortense. — Au général Bonaparte. — A l'impératrice Joséphine. — A mademoiselle Lenormand. — Billet trouvé dans la serviette de l'impératrice. — Réponse de mademoiselle Lenormand à S. M. l'impératrice-reine. — A M. F. de Ch. — A mademoiselle Aubert, femme de chambre de l'impératrice. — A M. Achille de Villedeuil. — A M. le duc d'Otrante, ministre de la police. — A l'impératrice Marie-Louise. — A l'empereur Alexandre.

Au moment de terminer ce volume, j'ai reçu d'un homme aussi respectable par sa conduite privée, qu'honoré par sa gloire militaire, un recueil précieux de lettres de Sa Majesté l'impératrice Joséphine. Je désirais vivement pouvoir les intercaller toutes dans cet ouvrage; mais elles eussent trop interrompu ma narration : j'ai donc préféré les réserver pour un autre moment, où elles paraîtront ensemble. Après les avoir parcourues, toutes les autres lectures paraîtraient insignifiantes; il faut donc qu'elles ne soient pas séparées. J'ai une obligation véritable à celui qui a bien voulu me juger digne d'un dépôt si précieux : me mettre à même de faire juger mieux encore l'étendue de l'esprit de l'impératrice, la noblesse de ses sentimens, et surtout la parfaite bonté de son cœur, c'est me rendre un service qui excite ma gratitude. Que ne puis-je révéler le nom de celui auquel je le dois! Pour prix de son bienfait il a exigé le silence. Puisse l'effort que je fais pour obéir, lui prouver toute l'étendue de ma reconnaissance!

Il m'est impossible de ne pas placer ici quelques-unes de ces lettres, qui feront regretter sans doute celles qui plus tard seront livrées au public.

AU CITOYEN BARRAS,
MEMBRE DU DIRECTOIRE EXÉCUTIF.

Fontainebleau.

« Rien ne m'est plus agréable que ce que vous m'annoncez, mais rien ne me surprend moins. Je connais votre influence et surtout votre zèle ; j'étais sûre de vous intéresser ; je ne l'étais pas moins que vous réussiriez. Me voilà donc certaine de posséder un asile ; et, grâce à cette bienveillance qui augmente le bienfait par la délicatesse, cet asile est selon mes souhaits, et je pourrai m'y livrer à mes goûts; goûts paisibles et purs, qu'aux jours de la prospérité j'avais cultivés par fantaisie, et que je caresse aujourd'hui par prédilection. Je les ai inspirés aussi à mes enfans, qui y ont déjà trouvé l'amusement de leur premier âge, et qui bientôt y chercheront le charme du second. Héritiers d'un proscrit, la modestie sied à leurs vœux, et l'obscurité à leur existence. Celle dont nous allons jouir à la Malmaison remplit toutes ces conditions; et, malgré des pertes énormes, si le père de mes enfans vivait, je n'aurais plus de désirs à former. Mais s'il vivait, vous aurais-je connu? aurais-je été malheureuse? et tant de bienveillance se serait-elle réunie sur une infortunée? Il faut prendre chaque situation de la vie avec toutes ses chances : la plus pénible en a peut-être quelques-unes encore de favorables; et c'est à les mettre à profit que consiste le bon sens; voilà ce qu'il est facile de se dire, lorsque la passion ne nous agite pas. J'ai subi une épreuve, où, durant quelques mois, je n'ai pu soupçonner un beau jour : je n'avais alors que le choix des malheurs; je les crois passés, et ce que vous faites aujourd'hui pour moi recommence ma vie. En la consacrant à la solitude, à l'étude, à l'éducation de mes enfans, ce sera la consacrer au bonheur tranquille et à notre inaltérable reconnaissance. »

Tout le monde sait que ce fut M. Barras qui décida madame de Beauharnais à épouser le général Bonaparte, qui, en faveur de cette union, reçut le commandement de l'armée d'Italie. La Malmaison fut achetée à cette époque à M. Lecouteulx du Moley pour la somme de quatre cent mille francs.

L'impératrice Joséphine y fit depuis des dépenses énormes, et embellit extrêmement ce séjour, qui n'était avant remarquable que par plusieurs beaux points de vue.

A MONSIEUR DE SANSAL.

« Votre pétition, arrivée le 12 à la Malmaison; a été remise le soir même, et par moi, au citoyen Barras; le lendemain, envoyée au bureau des émigrés, elle a été mise au rapport le 14, dès le 16 le premier examen avait été fait; et hier 20, la décision définitive a été soumise au gouvernement. J'ai le plaisir de vous annoncer, Monsieur, qu'elle vous a été favorable, et que, rayé de la liste fatale, vous rentrez dans tous les droits de citoyen français. Mais en vous transmettant une communication qui m'est aussi agréable qu'à vous-même, permettez-moi d'en augmenter le prix en vous répétant les propres paroles dont l'a accompagnée le directeur : « J'ai peu à vous refuser ordinairement, madame, m'a-t-il dit en me remettant le paquet qui la contient, et je n'ai plus rien à objecter quand il s'agit de servir l'humanité. Mais la pitié pour le malheur n'exclue pas la justice, et la justice est inséparable de l'amour de la vérité. Cet amour me prescrit de donner à M. de Sansal un conseil salutaire. Comme infortuné, M. de Sansal mérite des égards; comme émigré, il n'a droit à aucun. Je dirai plus : si j'étais sévère, il en aurait à de rudes représailles d'un gouvernement aux bontés duquel il répond par des insolences. Quoique je dédaigne les siennes, je les apprécie ; elles prouvent un cœur ingrat et un esprit borné. D'autres ont fait le mal, nous le réparons ; ce n'est pas un motif pour être détesté. Si c'en est un pour que M. de Sansal haïsse, qu'il renferme dans son âme cette lâcheté ; en la montrant il s'exposerait à de fâcheux retours, et tous mes collègues ne sont pas aussi indulgens que moi. »

» Ne vous en prenez qu'à vous-même, Monsieur, du peu d'aménité de ces conseils : ils sont durs, peut être, mais utiles, et vous les rendrez efficaces. Voyez d'ailleurs, dans ma fidélité à vous les transmettre, tout l'intérêt que vous m'inspirez, et qu'il ne tient qu'à vous de justifier. »

A MADAME FANNY DE BEAUHARNAIS.

« Êtes-vous heureuse ? me demandez-vous, ma chère tante. A cette question, on peut faire plusieurs réponses : oui, je le suis, et comme mère et comme épouse. Fut-il des enfans plus aimables, plus chéris et plus dignes de l'être? Est-il un mari qui fasse plus d'honneur à celle qu'il décora de son nom? Pourtant, c'est lui, c'est ce mari qui fait toute ma gloire, qui fait aussi mon tourment. Ah! que d'insomnies me coûtent ses victoires! Peut-être serait-il moins avide de lauriers, s'il voyait chaque feuille des siens arrosée de mes larmes. Mais que dis-je? femme d'un Français, dois-je ne pas porter un cœur français? Avant que d'être épouse, avant que d'être mère, j'étais citoyenne, et Alexandre ne m'apprit-il pas à faire marcher ce titre avant tout? Son digne successeur, possesseur de ma tendresse, est aussi l'héritier de tous ses sentimens; méritons, en les partageant, le titre honoré de la veuve de Beauharnais, et le titre honorable de l'épouse de Bonaparte : c'est une belle association de gloire, une noble communauté d'illustration. Puisse le sort heureux qui s'éloigna de l'un, accompagner toujours l'autre!

» Voici la lettre que je viens de recevoir de celui-ci. J'y joins celle de mon fils, qui est aussi le vôtre, et que vous lirez avec des yeux de mère. Les journaux ont altéré l'une et l'autre : je les rétablis. »

Je me souviens très-bien d'avoir vu une fois madame Fanny de Beauharnais, pour laquelle l'impératrice conservait la plus grande affection, et le plus tendre respect. Il était impossible de juger de ses traits recouverts d'une couche épaisse de toutes les couleurs. C'était une vraie palette que sa figure. Elle causait bien, mais avec un peu trop de prétention, cherchant presque toujours à *faire effet*, et rarement avec l'abandon qui fait le charme de la conversation. Elle était, disait-on, parfaitement bonne et obligeante, et ne refusa jamais de se servir de son crédit, pour obtenir de nombreuses grâces. Qui ne connaît l'épigramme faite contre elle :

Églé jeune et poète a deux petits travers,
Elle fait son visage et ne fait pas ses vers.

On prétend que ce dernier hémistiche est faux, puisqu'elle a jusqu'à sa mort composé d'autres jolies choses, en vers et en prose.

DU GÉNÉRAL BONAPARTE A SA FEMME.

« MA CHÈRE AMIE,

» Mon premier laurier dut être à la patrie, mon second sera pour vous. En poussant Alvinzi, je pensais à la France ; quand il fut battu, je pensai à vous. Votre fils vous remettra une dragonne que lui a offerte le colonel Morbach, fait prisonnier de sa main. Vous voyez, Madame, que notre Eugène est digne de son père. Ne me trouvez pas moi-même trop indigne d'avoir succédé à ce brave et malheureux général, sous lequel je me serais honoré d'apprendre à vaincre. Je vous embrasse.

» BONAPARTE. »

DU COLONEL EUGÈNE BEAUHARNAIS
A SA MÈRE.

« Retenu à Lyon, pour y terminer quelques affaires, je ne puis résister à l'impatience que j'ai de vous entretenir, ma chère et digne mère; j'ai eu le bonheur de faire, sous les yeux du général Bonaparte, une action qui m'a valu son approbation, et qui m'a donné de moi-même une honorable idée. En faisant prisonnier un lieutenant-colonel autrichien, je pensais à mon père, j'étais vu du général, et je savais que vous m'applaudiriez. Que de motifs pour servir son pays! ces encouragemens seront toujours les mêmes, et ils auront sur mon cœur la même influence. Suspendez cette dragonne dans votre cabinet, au-dessous du portrait de mon père, auquel j'en fais hommage, aussi bien qu'à vous. Quant à celle que m'a donnée Hortense, et dont elle a tissu le chiffre, dites-lui bien qu'elle ne me quittera pas facilement. Nous avons le projet de rendre les Autrichiens prodigues envers nous : nous avons aussi celui de rester avares avec eux.

» Au revoir, ma bonne et tendre mère : encore huit jours ici, puis je piquerai mon gris pommelé, pour aller, tout d'un temps, me mettre à vos pieds. »

A MADEMOISELLE HORTENSE.

« Ma bonne amie, il y a dans les bois de Fontainebleau, une plante de la famille des Chénopodées, qu'on appelle *blète effilée* : c'est l'épinard-fraise des jardiniers. Tu la distingueras par sa singularité d'avoir les fruits faits et colorés exactement comme des fraises ; comme c'est une plante sédentaire, et qui n'aime point à être transplantée, tu auras soin de faire enlever une forte et profonde portion de gazon qui l'entoure, et qui sera encaissé avec la terre légère dont elle se nourrit. Le tout sera expédié, bien conditionné, par la voiture du bon homme Phédart, qui revient à petites journées ici. Mon jardinier Spire dit qu'il a transplanté des blètes, de leur local natif, dans une terre peu meuble, mais appropriée, et que, de la culture de la plante, il en résulte une véritable fraise : je n'en crois pas un mot, mais l'expérience coûtant peu, je veux la tenter. »

L'impératrice de tout temps s'occupa beaucoup de botanique, aimant passionnément les fleurs; elle encouragea tous ceux qui les cultivaient, entre autres M. Celse, dont les belles serres étaient le rendez-vous de la bonne compagnie, comme le sont aujourd'hui celles de M. Boursault. Joséphine passait plusieurs heures chaque jour avec ses jardiniers auxquels elle adressait de nombreuses questions; elle acquit des connaissances très-étendues dans une science qui sied particulièrement aux femmes, puisqu'elle leur fait trouver un charme extrême dans l'habitation de la campagne, et les éloigne ainsi du monde où tant de dangers les entourent.

AU GÉNÉRAL BONAPARTE.

« Mon ami,

Pour la dixième fois, peut-être, je relis votre lettre; et j'avoue que l'étourdissement qu'elle me cause ne cesse que pour faire place à la douleur et à l'effroi. Vous voulez relever le trône de France, et ce n'est pas pour y faire asseoir ceux que la révolution en a renversés ! C'est pour vous y placer vous-même ! Que de force, dites-vous, que de grandeur dans ce projet, et surtout que d'utilité ! Et moi je vous dis : que d'obstacles pour le faire agréer ! que de sacrifices pour l'accomplir ! quelles incalculables suites, quand il sera réalisé ! Mais admettons qu'il le soit : vous arrêterez-vous à la fondation du nouvel empire ? Cette création, disputée par des voisins, n'entraînera-t-elle pas la guerre avec eux, et peut-être leur ruine ? Leurs voisins, à leur tour, la verront-ils sans terreur, et n'essayeront-ils pas de la repousser par la vengeance ? Et au-dedans, que d'envieux, que de mécontens ! Que de complots à déconcerter, que de conspirations à punir ! Les rois vous dédaigneront comme parvenu, les peuples vous haïront comme usurpateur, vos égaux comme un tyran. Aucun ne comprendra la nécessité de votre élévation; tous l'attribueront à l'ambition ou à l'orgueil. Vous ne manquerez pas d'esclaves qui ramperont sous votre puissance, jusqu'à ce que, secondés par une puissance qu'ils croiront plus formidable, ils se relèvent pour vous renverser. Heureux encore si le poignard, si le poison !... Une épouse, une amie peut-elle fixer son imagination tremblante sur de si funestes images ?

» Ceci m'amène à moi, dont je m'occuperais peu, s'il ne s'agissait que de moi-même; mais le trône ne vous inspirera-t-il pas le besoin de nouvelles alliances? Ne croirez-vous pas devoir chercher, dans de nouveaux liens de famille, de plus sûrs appuis à votre pouvoir? Ah! quels qu'ils soient, vaudront-ils ceux que la convenance avait tissus, que les affections les plus douces semblaient devoir éterniser? Je m'arrête à cette perspective, que la crainte, faut-il le dire, que l'amour trace dans un avenir effrayant. Vous m'avez alarmée par votre essor ambitieux; rassurez-moi par le retour, par l'assurance de votre modération.»

A L'IMPÉRATRICE JOSÉPHINE.

« Madame,

» Votre Majesté va prouver à l'Europe qu'elle est digne du rang où le bonheur des circonstances l'a fait monter : elle n'a, pour cela, qu'à jeter les yeux sur le nom qui décore cette demande, et agir en conséquence.

» Dans la société que fréquentait madame la vicomtesse de Beauharnais, ce nom n'a pas manqué de frapper souvent ses oreilles : cela suffit sans contredit pour le recommander à l'Impératrice. Quant à la personne qui a l'honneur de le porter, comme l'élévation de son existence lui permit rarement d'avoir celui de se rencontrer avec madame la vicomtesse, elle se croit obligée d'entrer, à cet égard, dans quelques détails avec Votre Majesté.

» Lorsqu'un usage plus long de la puissance souveraine aura fait connaître à Votre Majesté les illustres maisons avec lesquelles elle est appelée à la partager, elle apprendra que, de toutes celles que l'Allemagne révère comme antiques, et redoute comme puissantes, la mienne, une des plus antiques, et jadis la plus puissante, compte des alliances sur tous les trônes et des hommes d'État dans tous les cabinets.

» Issue d'une branche collatérale de la maison de Lorraine, alliée par les femmes aux Bourbons de Naples, il n'est pas de rang auquel je ne puisse monter, il est peu de prétentions que je ne doive raisonnablement avoir.

» Les miennes cependant se bornent à demander à Votre Majesté la place de sa dame d'honneur : comme c'est la première de la cour, et qu'elle fut offerte à une personne qui, depuis, devint reine de France, je ne crois ni m'avilir en la sollicitant, ni déroger en l'exerçant.

» Si cet emploi n'eût pas été promis par la feue reine, nul doute que je ne l'eusse rempli auprès d'elle : elle eût acquitté ainsi la dette des convenances et du sang.

» Plus heureuse que cette souveraine infortunée, Votre Majesté accomplira ses intentions, en m'accordant une place à laquelle j'ai tant de droits ; je jouirai sans doute de tous ses avantages, mais Votre Majesté en aura tout l'honneur.

» J'ai celui d'être, etc.

» *Alexandrine*, duchesse de la R. B.,
née princesse de D..... »

En marge, est écrite cette apostille :
« Recommandée à l'Empereur.
    » *Signé*, JOSÉPHINE. »

Et de la main de Napoléon : « La requé-
» rante étant trop grande princesse pour être
» dame d'honneur, nous la nommons *dame
» d'annonce du **Palais** de l'Impératrice*. »

Et plus bas, au crayon : « *Ce qu'elle a ac-
» cepté*. »

J'ai vainement cherché quel pouvait être
l'auteur de cette absurde lettre. La place de
dame d'annonce était tellement subalterne,
qu'elle n'eût pu être offerte à une personne
alliée aux familles souveraines d'Allemagne,
que Napoléon avait intérêt à ménager, et qu'il
eût humiliées par une proposition semblable.
Je pense donc que l'impératrice ne fit point
part à madame la duchesse de la R. B. née
princesse de D..... de l'apostille de l'empereur, et que les mots au crayon furent une
plaisanterie.

A MADEMOISELLE LENORMAND.

« Hier, en me plaçant à table, je trouvai sous ma serviette un petit *poulet* doré et parfumé, que je lus sans y comprendre un mot, et que je vous envoie, vénérable sybille. C'est le moment de monter sur le trépied sacré, et d'évoquer ou le diable ou Apollon. On dit que pour certains poètes c'est la même chose; je n'en crois rien, quand il s'agit de vous ou de votre Apollon; du moins, c'est un diable bien aimable. »

BILLET TROUVÉ SOUS LA SERVIETTE DE L'IMPÉRATRICE.

« Qui tente le Seigneur succombera à la ten-
» tation. L'arc trop tendu se brisera aux mains
» du chasseur. La glace ne vaut pas mieux
» pour le gibier que le feu. Qu'il se garde du
» 25 et du 31 : c'est un ambe de malheur.
» Heureuse sa compagne, si elle échange sept
» cailloux contre trois brins de fougère et de
» paille ! Ainsi dit le prophète. »

RÉPONSE DE MADEMOISELLE LENORMAND.

« Que Votre Majesté, au lieu de me donner à deviner des énigmes dignes de l'almanach de Liége, m'adresse au moins des oracles proposés par le sphinx. Pour interpréter celui-ci, il ne faut pas être OEdipe : une simple tireuse de cartes suffirait. Voici mon explication : on la trouvera, je m'en flatte, claire, naturelle et concluante.

» *Tenter le Seigneur*, c'est-à-dire projeter, essayer, ébaucher une entreprise, c'est s'exposer *à succomber*; mais la commencer avec une immuable volonté, la suivre avec des moyens proportionnés, et soutenir ces moyens par des ressources qui en sont comme l'arrière-garde, c'est s'assurer le succès. Appliquez ceci à Sa Majesté l'empereur.

» Quand *l'arc trop tendu se brise aux mains du chasseur*, et que le cerf est rapproché de lui, il périt sous ses éclats. Qu'importe qu'il soit percé de flèches ou qu'il succombe sous les coups de l'arc! L'important, c'est que le chasseur, assez adroit pour n'être pas atteint, soit assez proche de lui pour l'atteindre. Tel est, je crois, le caractère de la tactique de Sa Majesté.

» Il est hors de doute que *la glace ne vaut pas mieux pour le gibier que le feu*. La brûlante Syrie et la Hollande gelée en rendront d'éternels témoignages. Cela n'a besoin d'aucun commentaire : faisons seulement à l'avenir l'application du passé.

» A force d'être vague et de pouvoir s'étendre, cet ambe du 23 et du 31 ne signifie rien. Est-ce une date, le nombre des princes coalisés, le chiffre de leur traité, le jour qu'il fut signé, le numéro d'ordre des affaires, celui de la maison qu'ils habitaient, la quantité de voix données à la diète, au sénat, au conseil, le quantième de la semaine et du mois? Je raisonnerais, ou plutôt déraisonnerais à l'infini sur des données aussi peu précises. A des problêmes tant et si peu compliqués, Cagliostro lui-même n'eût pas offert de solution. C'est à la destinée, à *l'étoile*, ou plutôt au génie de l'empereur qu'il est donné de les résoudre.

» Votre Majesté a facilement compris que les *sept cailloux* sont les palais qu'elle habite, et qu'elle est en effet heureuse d'échanger ces demeures somptueuses contre le toit *de paille et de fougère* du pauvre, du malheureux, chez lequel elle va prodiguer les consolations et les bienfaits. Si toute la France connaissait cette partie de la prédiction, elle en pénétrerait aisément le sens, applaudirait à l'explication que j'en donne, et qui n'est que l'écho de son admiration, de son amour et de sa reconnaissance.

» Je demeure avec un très-profond respect, etc. »

J'ai déjà dit que S. M. n'aimait pas que l'on parlât de prédictions, de sorciers devant elle. Elle eut la faiblesse de consulter quelquefois mademoiselle Lenormand, mais pas plus souvent que beaucoup de femmes de la société, qui, ennuyées de tout, blasées sur tout, allaient chercher des émotions et des distractions rue de Tournon.

Au reste, la Sybille du faubourg Saint-Germain a conservé pour S. M. une vénération de reconnaissance, qui ferait douter de son art, car elle aurait dû prévoir qu'en affichant un attachement qui lui fait honneur, elle risquait de déplaire à un grand nombre de ses clientes, qui eussent rougi d'avoir été *consulter* pour savoir si elles seraient en faveur près de *madame Bonaparte.*

A SA MAJESTÉ L'IMPÉRATRICE ET REINE.

« Madame,

» Tout retentit des louanges de Votre Ma-
» jesté; serais-je le seul qui n'y pourrais joindre
» les miennes?
» On dit que c'est sur la recommandation de
» Votre Majesté, que les lycées ont obtenu des
» bibliothèques. Cela est certainement très-
» heureux pour les lycées; mais cela ne laisse

» pas que d'être fort triste pour les institutions
» qui n'ont que le titre de colléges.

» Quant à eux, voici le petit raisonnement
» que je me suis fait : si l'instruction des lycées,
» me suis-je dit, est aussi supérieure à celle des
» colléges, que la qualification de ceux-ci est
» inférieure à celle de ceux-là, en quoi ont-ils
» besoin de bibliothèques, et pourquoi porter
» de l'eau à la rivière? pourquoi en refuser au
» terrain fertile, mais desséché, qui ne de-
» mande qu'à être arrosé pour produire ?

» De-là, pourtant, je n'en conclus pas qu'il
» ne faut plus de livres aux lycées; mais il en
» faut aux colléges.

» L'importance de ce petit syllogisme ne
» vient pas de sa régularité; elle vient de celle
» que Votre Majesté aura la bonté d'y mettre.

» Il est surtout un homme qui se connaît
» aussi bien en logique qu'il se connaît en tout;
» s'il trouve mon raisonnement concluant, je
» m'en rapporte à lui pour l'explication.

» Au surplus, je ne suis pas exigeant, et
» voici de quoi le mettre à l'aise : s'il n'estime
» un collége que la moitié d'un lycée (n'importe
» dans quel sens), qu'il nous donne une moi-

» tié de bibliothèque, mais une moitié numé-
» rique, et qu'il me charge de compenser la
» qualité par la quantité. Il faut bien peu d'or
» pour beaucoup de billion.

» Au moyen d'un arrangement si raison-
» nable, nous promettons de ne pas augmenter
» le nombre des puissances armées contre l'em-
» pereur, et, toute raillerie cessante, cette
» considération n'est pas à dédaigner : n'est-ce
» pas d'un petit collége de province qu'est sorti
» le héros qui fait trembler l'Europe ?

» Je suis avec un très-grand respect,

» Madame,

» de Votre Majesté,

» Le très-humble et petit sujet,

» *Signé*, ISIDORE DEMANGIN,

» Étudiant en philosophie au collége
» de Bar, ce 7 février 1805. »

En marge de cette lettre est écrit, de la main de l'empereur : « Renvoyé au travail de » la commission chargée de l'organisation de » l'instruction publique. En attendant, accordé » au collége de Bar quinze cents volumes au » choix de M. Isidore Demangin.

» *Signé*. NAPOLÉON. »

J'ai cru devoir faire connaître cette lettre, qui, par son style, pouvait déplaire à Napoléon. L'impératrice, sachant combien il aimait à se rappeler l'époque de son enfance, n'hésita pas à mettre sous ses yeux une demande, qui n'eût peut-être point été accordée, faite en d'autres termes, et privée d'une phrase ayant rapport à la première éducation de l'empereur. Il s'entoura toujours de tous ses anciens camarades, dont plusieurs furent ses amis les plus intimes : s'en souviennent-ils encore?...

A MONSIEUR F. DE CH.

«Profitez de mon absence, mon cher F., et hâtez-vous de déménager le pavillon des acacias, pour transporter mon cabinet dans celui de l'orangerie. Je veux que la première des pièces qui la composent, et qui servira d'antichambre, soit tendue de vert-gris, avec la bordure lilas. Au centre des panneaux vous placerez mes belles gravures d'Esther, et sous chacune d'elles le portrait des généraux célèbres de la révolution. Au milieu sera une énorme jardinière, toujours garnie des fleurs de la saison; et dans les encoignures, autant de gaines, avec les bustes des philosophes français. Je vous recommande celui de Rousseau, que vous placerez entre les deux croisées, de manière que les pampres et les liserons échappés de la treille viennent se jouer sur sa tête. C'est une couronne naturelle digne de l'auteur d'Emile. Quant à mon cabinet particulier, faites-le décorer de lilas uni, avec une bordure de renoncules et de scabieuses. Dix grandes gravures, de la galerie du Musée, et vingt médaillons, occuperont les panneaux. La tenture des croisées sera blanche et verte, avec des baguettes dorées, mais unies. Mon piano, un canapé vert, deux chaises-longues et le meuble correspondant, un secrétaire, un petit bureau, et la grande glace de toilette. Voilà ce que vous n'oublierez pas. Au milieu une grande table couverte de fleurs toujours fraîches; et sur la cheminée, une simple pendule avec deux vases d'albâtre et des girandoles unies. Joignez l'élégance à la variété; mais ni recherche, ni profusion; rien n'est plus opposé au bon goût. Enfin, mon cher F., je m'en rapporte au vôtre pour faire de ce lieu chéri une agréable retraite, où je pourrai rêver, sommeiller même, et lire le plus souvent; ce qui vous dit assez que vous n'oublierez pas trois cents volumes de mes petits formats. »

A MADEMOISELLE AUBERT,

FEMME DE CHAMBRE DE L'IMPÉRATRICE.

« Je vous prie, ma chère mademoiselle Aubert, de passer chez Biennais en revenant, et de voir s'il veut enfin m'apporter mes boites à rouge. Je n'en ai pas une seule, vous le savez. Informez-vous donc aussi auprès de lui si les métiers que je lui ai commandés sont prêts; ces dames restent les bras croisés, et moi-même je n'ai rien à faire. Passez en même temps au Père de Famille, et prenez de ma part un assortiment complet de chenille, avec quelques douzaines d'aiguilles anglaises.

» Voilà bien des commissions à la fois ; pour ne pas les oublier, pensez à moi. Je suis certaine que vous vous en acquitterez bien. Revenez vite. »

Aux Tuileries, comme à la Malmaison et à Navarre, l'impératrice faisait beaucoup de tapisseries, et ses dames travaillaient auprès d'elle, à des meubles qui figurèrent plus tard dans différentes résidences impériales.

A MONSIEUR ACHILLE DE VILLEDEUIL,

RUE DE GRENELLE SAINT-GERMAIN, N. 108.

« Monsieur, la demande que vous m'avez adressée dernièrement concerne M. l'archichancelier. Si vous voulez faire un mémoire pour lui et me l'apporter, je prends l'engagement sincère de le faire apostiller par l'empereur, qui a plus de crédit que moi.

» Je m'estimerai heureuse, Monsieur, de pouvoir vous donner cette faible marque de l'estime que j'ai toujours eue pour vous et votre généreuse famille que j'ai beaucoup connue lors de mon arrivée en France. Croyez autant à mes promesses qu'à la justice de l'empereur. »

M. de Villedeuil fut un des émigrés auxquels l'impératrice accorda une protection qui leur fut fort utile. Quelques-uns, tout en étant sincèrement attachés aux Bourbons, ont conservé le souvenir des bienfaits de Joséphine. M. de Villedeuil est de ce nombre.

A MONSIEUR LE DUC D'OTRANTE,
MINISTRE DE LA POLICE.

« Monsieur le Duc, je veux que le jeune Dutertre soit placé d'une manière ou d'une autre, tandis que je suis encore impératrice; vous l'oublieriez bien vite quand je ne le serais plus.

» Je vous salue. »

L'impératrice, pour employer un ton si opposé à celui qu'elle employait ordinairement, croyait sans doute avoir quelques raisons de se plaindre du duc d'Otrante; cependant la demande qu'elle lui faisait prouve qu'elle comptait encore sur l'empressement du ministre à faire ce qu'elle désirait.

Le duc d'Otrante a rendu de fréquens services aux émigrés, pendant la durée de son ministère; ma famille eut à s'en louer. Tant de gens le déchirent, maintenant qu'il est bien positif qu'il ne pourra plus rien pour eux, que j'éprouve du plaisir à publier une reconnaissance qui devrait être partagée par beaucoup de personnes, qui affectent de ne se souvenir que de ses torts; il me semble que ses obligés ne peuvent se rappeler que des services rendus; la mort, pour eux, a dû effacer tout le reste.

A L'IMPÉRATRICE MARIE-LOUISE.

« Madame,

» Tant que vous n'avez été que la seconde épouse de l'empereur, j'ai dû garder le silence avec Votre Majesté; je crois pouvoir le rompre aujourd'hui, que vous êtes devenue la mère de l'héritier de l'empire.

» Vous auriez cru difficilement à la sincérité de celle que vous regardiez peut-être comme une rivale; vous croirez aux félicitations d'une Française, car c'est un fils que vous avez donné à la France.

» Votre amabilité, votre douceur, vous ont acquis le cœur de l'empereur; votre bienfaisance vous mérite les bénédictions des malheureux; la naissance d'un fils vous vaudra celle de tous les Français.

» C'est un peuple si aimable, si sensible, si admirable que ces Français! et pour me servir d'une expression qui les peint à merveille, *ls aiment à aimer*. Oh! qu'il est doux d'être aimé de lui!

» C'est sur cette facilité, et pourtant cette solidité d'affection que les partisans de ses anciens rois ont long-temps compté pour les faire regretter; et en cela, ils ont eu raison. Quelque chose qui arrive, par exemple, le nom de Henri IV sera toujours béni. Il faut avouer pourtant que la révolution, sans gâter les cœurs, a beaucoup étendu les intelligences et rendu les esprits plus exigeans. Sous nos rois, on se contentait du repos; maintenent on veut de la gloire.

» Voilà, Madame, les deux biens dont vous

êtes appelée à donner l'avant-goût à la France : votre fils les lui fera goûter complètement, si aux vertus sévères de son père, il joint celles de son auguste mère qui sait les tempérer. »

J'ai donné le détail exact de ce que fit l'impératrice Joséphine à l'époque de la naissance du roi de Rome. Elle ne nous parla point de cette lettre.

A L'EMPEREUR ALEXANDRE.

« Sire.

» Mon cœur éprouve le besoin de témoigner à Votre Majesté toute ma reconnaissance. Je n'oublierai jamais, qu'à peine arrivée à Paris (car je ne veux pas dire *entrée*), vous avez daigné vous souvenir de moi. Au milieu des malheurs qui affligent ma patrie, ces égards me seraient presqu'une consolation, s'ils pouvaient s'étendre à une personne qu'il me fut jadis permis de nommer avec orgueil. Vous-même, Sire, la nommiez alors avec les expressions d'une auguste amitié. En vous rappelant un sentiment qui fut partagé, c'est vous rappeler à ce que son souvenir demande. Dans une âme telle que la vôtre, il ne sera jamais effacé. »

CHAPITRE XXV.

Pension accordée à ma fille, par une princesse. — Elle est supprimée. — **M. Ladvocat.** — Madame de Genlis, MM. de Châteaubriand, de Barante, Villemain, Casimir Delavigne. — Dernière visite à la Malmaison.

Lorsque je me décidai à publier les Mémoires sur l'impératrice Joséphine, je cédai, comme je l'ai dit, aux instances réitérées de quelques amis persuadés que les faits, concernant cette personne si parfaite, intéresseraient vivement, s'ils étaient racontés simplement, mais avec toute la chaleur d'une affection que le temps, la mort, l'oubli cruel dont j'avais tant souffert après mon départ de la Malmaison, n'avaient pu altérer. Mon peu d'habitude d'écrire me donnait des craintes sur le succès de cet ouvrage; et si le sujet n'expliquait pas l'accueil qu'il a reçu, je serais encore à le concevoir. Quoi qu'il en soit, j'avouerai que je suis maintenant très-heureuse de l'avoir publié; non que mon amour-propre soit flatté des éloges qu'il a reçus; car j'ai le bon esprit de ne les attribuer qu'à l'indulgence, qu'excite toujours le début d'une femme, qui ne cherche pas la célébrité, puisqu'elle ne se nomme pas; mais parce que j'ai montré dans tout son jour la perfection du caractère le plus aimable; que j'ai rendu justice à plusieurs personnes que l'on ne connaissait pas assez; et qu'enfin, par M. Ladvocat, j'ai trouvé un moyen de réparer un malheur qui arrêtait l'éducation de ma fille chérie.

Une princesse qui autrefois eut à redouter pour elle-même ce qui menaçait cet enfant, avait depuis trois ans accordé une rente de huit cents francs, pour que je pusse choisir une pension pour l'objet de toutes mes affections : ma fierté naturelle, loin de repousser un semblable bienfait, le recevait au contraire avec plaisir et reconnaissance. Il ne me paraissait qu'une juste récompense de services importans rendus par mes parens à une famille, qui, plus heureuse que la mienne, avait retrouvé tous ses honneurs, et une fortune qui pouvait soulager tant de malheureux ! Pénétrée d'amour pour les Bourbons, il m'était doux d'avoir de nouvelles raisons de les bénir; chaque progrès de ma fille me causait une double jouissance! Habituée à souffrir, je n'aurais pas dû m'étonner de voir cesser ce qui dans ma position était un grand bonheur; cependant j'ai été douloureusement surprise en recevant la lettre qui m'annonçait que cette faible somme de huit cents francs était supprimée, et que la princesse regardait, apparemment, l'éducation à laquelle elle paraissait s'intéresser, comme entièrement terminée. Ma fille n'ayant que treize ans et demi, il était impossible de lui faire quitter ses maîtres; mon peu de fortune rendait ce surcroît de dépense une véritable calamité. M. Ladvocat, avec sa générosité ordinaire, mit à mes faibles travaux un prix qui me permet d'espérer que je pourrai finir ce qui est si bien commencé; malgré la fatigue, la peine, que me promet la carrière dans laquelle je débute, il me sera doux, grâce à lui, de voir réaliser, par moi, les espérances qu'il m'est permis de concevoir (1). Je veux donc, avant de finir mes Mémoires, lui témoigner ici publiquement la gratitude que je lui ai

(1) Ayant par hasard appris que Mme Cousineau, pour réparer une perte considérable, éprouvée par son respectable époux, venait de prendre le pensionnat de mademoiselle Sauvan, à laquelle elle succède, je me suis empressée de lui confier ma fille. Je la connaissais depuis long-temps, et sa méthode d'enseignement ayant pour but de former de bonnes mères de famille, ce choix sera approuvé par toutes les personnes qui visiteront cet établissement. Fille, femme et sœur d'artistes recommandables, Mme Cousineau peut, par elle-même, juger des progrès de ses élèves dans tous les arts, au milieu desquels elle a été élevée, et qu'elle a cultivés avec un grand succès. Sa conduite, toujours parfaite, sera le meilleur exemple pour les jeunes personnes confiées à ses soins.

J'ai dit, dans le premier volume de ces Mémoires, que si je connaissais une meilleure pension que celle de Mme Migneron je l'indiquerais. Je tiens ma parole en recommandant celle de Mme Cousineau, rue de Clichy, n° 46, qui doit, au moins, rivaliser avec celle que je viens de nommer.

vouée. Tous ceux qui ont eu des relations avec ce *roi de la librairie*, (comme se plaisent à l'appeler ses ennemis par dérision, et ses nombreux amis par justice,) se sont empressés de faire connaître les qualités qui le distinguent : ainsi, je ne veux point ajouter aux éloges qu'il a reçus; ceux que je lui prodiguerais pourraient maintenant sembler dictés par un sentiment bien naturel, mais qui en atténuerait la sincérité aux yeux des personnes qui ne le connaissent pas; d'ailleurs, les suffrages et l'amitié que lui accordent madame de Genlis, MM. de Châteaubriand, de Barante, Villemain, Casimir Delavigne, etc., parleront mieux et plus haut que moi; qu'il me soit seulement permis de l'assurer que je n'oublierai jamais la manière désintéressée dont il a agi avec moi, dans un des momens les plus pénibles de ma vie.

Je demande pardon de ce long article qui m'est personnel; les mères trouveront naturel que je n'aie pu résister à l'écrire, leur cœur m'approuvera : c'est surtout d'elles que je désire être comprise.

Etant trop avancée pour intercaller toutes les lettres de S. M., je les ai réunies en un volume; elles seront suivies de quelques mélanges, de moi, relatifs à des contemporains. Ainsi j'ose croire qu'ils seront reçus avec la bonté dont j'ai eu jusqu'ici tant à me louer.

Je pense d'ailleurs que, dans l'intérêt même du public, il vaut mieux ne pas distraire son attention, en la portant sur des sujets étrangers à cette correspondance, pleine de faits curieux, de portraits de personnages célèbres, tracés avec une justesse et une force qui ne laisse aucune prise à la critique. Ce dernier tome de mes Mémoires paraîtra dans le courant de janvier.

Il ne me reste plus maintenant qu'à parler de ma dernière visite à la Malmaison.

Depuis quatorze ans, je désirais et craignais également de la revoir. Plusieurs fois j'avais dû y aller; toujours cette course avait été dérangée par ma volonté, qui chancelait dès qu'il fallait me décider à parcourir ce séjour favori de Joséphine. Je prévoyais tout ce que j'éprouverais en y entrant; et, par une faiblesse que je me reprochais comme un tort envers sa mémoire, je tremblais de me retrouver là, où j'étais certaine de ne plus avoir que de douloureux souvenirs! Apprenant que ce beau domaine venait d'être vendu partiellement, et que probablement bientôt tout ce que j'avais admiré serait ou changé ou détruit, je pris enfin le parti de m'y rendre : c'était encore un douloureux adieu que j'allais faire!

Je partis seule de Paris avec le cœur horriblement serré; il m'eût été odieux de parcourir la Malmaison avec des indifférens qui n'eussent pu comprendre aucune de mes impressions.

Arrivée à la première grille, un homme à jambe de bois vint m'ouvrir. Je commençai dès ce moment à remarquer la différence qui allait me frapper à chaque pas, entre ce qui avait été et ce qui était. Au lieu des nombreux grenadiers de la garde impériale en grande tenue, que j'étais habituée à voir dans ce pavillon, il n'y avait plus alors qu'un vieil invalide; comme si un reste de cette brillante armée devait seul garder les ruines d'un palais impérial!..

En avançant à pied dans l'avenue qui conduit au château, je cherchai malgré moi, dans les prairies qui la bordent, ces troupeaux que j'y avais admirés tant de fois, et qui, fuyant au bruit des voitures qui se pressaient, animaient ce paysage maintenant si triste et si désert. Parvenue dans la cour, je fus presque étonnée de n'apercevoir qu'un concierge mal vêtu, assis sur un banc dégradé, fumant sa pipe tranquillement, en attendant les voyageurs qui devaient le dédommager de l'ennui qu'il semblait éprouver. Où donc étaient les équipages entassés, les valets dorés qui obstruaient le passage? qu'était devenue cette foule empressée de contempler les traits de la souveraine? Pouvant à peine parler, je demandai au concierge de me faire voir les appartemens. « Oh! Madame, me répondit-il, ce ne sera pas long, car il n'y a plus rien. — Quoi rien? m'écriai-je d'un ton si affligé, que cet homme en fut étonné. — *Rien*, prononça-t-il tristement. » Je le suivis sans proférer une parole, et je vis qu'il avait eu raison.

Tous les meubles étaient enlevés, et quelques chaises d'un vieux lampas sale et déchiré, étaient placées de loin en loin dans le salon, beaucoup plus je crois pour reposer les visiteurs, que pour parer une pièce dans laquelle ils n'eussent jamais dû entrer : c'était remplacer la magnificence par une misère que l'on était surpris et choqué de trouver là. Mon émotion augmentait et devenait de plus en plus pénible; elle fut extrême en entrant dans cette galerie jadis si pleine de chefs-d'œuvre. Au chagrin que j'éprouvais en voyant abandonnée cette demeure qui, peu d'années auparavant, était un modèle de goût et d'élégance, se joignait celui de penser que tous ces admirables tableaux se trouvaient perdus pour la France (1). Ces superbes statues de Canova étaient aussi parties! Cependant, leurs places étaient encore marquées par la différence de couleur du magnifique parquet de marquetterie. Un cygne noir empaillé, plein de poussière, dont toutes les plumes se détachaient au moindre mouvement, était le seul ornement de cette immense salle, où se remarquait encore le fauteuil de velours de S. M.

L'appartement de Napoléon n'avait pas été

---

(1) La plupart ont été, dit-on, achetés par des étrangers; les autres envoyés à la reine Hortense et à la duchesse de Leucktemberg.

respecté davantage. Je me tournai promptement du côté où se trouvait le portrait de Joséphine, peint par Gérard (1). Hélas! il avait aussi disparu!

J'entrai dans la bibliothèque. Le bureau était couvert de livres; et j'appris que l'on faisait un catalogue très-exact, parce que, quelques jours après, on devait vendre publiquement tous ces ouvrages. Il est tout naturel que la vente de Malmaison ait eu lieu, puisque les héritiers sont mineurs. Ce que je conçois moins, c'est que quelque particulier riche ne se soit pas rendu acquéreur unique de cette bibliothèque, qui, dans quelques années, serait une collection d'un grand prix. On peut en juger par celui que l'on met déjà à tout ce qui a appartenu à un homme, que l'on pouvait certainement ne pas aimer, mais qu'il est impossible de ne pas admirer, comme le génie

---

(1) Ce beau portrait est à Munich. Le plus ressemblant que je connaisse de l'impératrice Joséphine, appartient à Mme la duchesse de Rovigo. Il est peint par M. Massot de Genève, dont j'ai déjà eu l'occasion de louer l'agréable talent..

le plus extraordinaire que puisse offrir l'histoire. Je découvris dans un coin de cette pièce un modèle de la cathédrale de Strasbourg, en filigrane d'argent. Il était cassé en plusieurs endroits, les alliés s'étant amusés à en emporter quelques morceaux. Ils avaient aussi imaginé de couper fort proprement le tapis neuf du billard. Pouvant prendre des choses d'une plus grande valeur, détruire des objets précieux, il est heureux que ces messieurs se soient bornés à ces aimables espiégleries.

Nous montâmes dans la chambre où Joséphine avait rendu le dernier soupir. Je ne saurais dire ce que j'ai regardé; car mes yeux obscurcis de larmes ne pouvaient rien voir de ce qui m'entourait dans cet appartement. Il m'était impossible, sans passer pour folle, de pleurer tout à mon aise, en approchant de cette place où fut un lit de mort, qui eût dû être consacrée par quelque signe de deuil. Je sortis donc vite, et me précipitai dans le jardin, espérant que l'air me remettrait, et que j'y serais moins affligée entourée d'une verdure semblable à celle que j'admirais lorsque j'habitais la Malmaison. Les arbres grandis devaient être plus beaux que dans le temps que je regrettais ; ainsi la nature allait me dédommager de tout ce que je venais de souffrir. Ce fut donc avec avidité que je parcourus ce parc, que je m'imaginais devoir être embelli. Je ne le reconnus pas. Les arbustes rares qui s'y trouvaient à chaque pas avaient été vendus sur pied ; à la place d'un bel ombrage de rhododendrum, je ne trouvais plus qu'un trou profond, plein de mauvaises herbes ; au lieu de ces jolis massifs de fleurs, je voyais de hautes luzernes ; des eaux vertes et croupissantes exhalaient une odeur infecte ; enfin je fus contrainte de préférer encore le château au parc, car du moins les murs étaient tels que je les avais laissés ! jamais destruction ne fut si prompte et si complète.

Il existe en France un grand nombre d'hommes honorables, qui ne rougissent pas d'avouer leur reconnaissance pour Napoléon qui les enrichit, et les associa à sa gloire, dont ils furent dignes, puisqu'ils s'en souviennent ; comment n'ont-ils pas eu l'idée d'acheter la Malmaison afin d'y fonder une maison d'orphelines ? C'eût été ennoblir encore un lieu plein de grands souvenirs ; les conserver en y ajoutant tout ce que la bienfaisance a de touchant, était une manière noble et délicate de préserver la Malmaison d'une ruine totale (qui sera peut-être hâtée par la cupidité de quelque acquéreur de la bande noire), et de rendre un hommage éternel à l'impératrice Joséphine, dont le nom ne peut jamais qu'être cher à la France.

Après avoir visité pour la dernière fois la fameuse serre-chaude, transformée en maison particulière, je m'éloignai pour toujours de ce lieu, ayant été beaucoup plus peinée encore que je ne m'y étais attendue. Je croyais en arrivant que je trouverais partout des traces du respect et de la vénération que l'on devait à S. M.; au lieu de cela il semblait qu'une bonne fée après avoir embelli cette délicieuse retraite, avait voulu en la quittant emporter avec elle tout ce qu'elle offrait d'agrément; et je répétai douloureusement avec mon guide, maintenant *plus rien!..... rien!*

FIN DU SECOND VOLUME.

TABLE DES MATIÈRES

CONTENUES DANS CE VOLUME.

Chap Ier. Commencement de jalousie des dames attachées à l'impératrice. — M. Pierlot; il fait de mauvaises affaires. — Dureté de cœur de M. de Monaco. — Madame Pierlot; sa conduite. — M. Le Roi, marchand de modes. — M. de Montlivault nommé receveur-général de Sa Majesté. — Bijoux de l'impératrice; vieille paire de souliers. 1

Chap. II. La princesse d'Eckmuhl. — Quelques détails sur son mariage. — Le général Leclerc, son frère. — Madame Leclerc (depuis princesse Borghèse). — Mot de mademoiselle Duchesnois. — M. Jules de Canouville. — Erreur de M. Bousquet, dentiste. — Modération du vice-roi. — Présent que fait la princesse Pauline à M. de Canouville. — Mort de celui-ci. — Portrait trouvé sur lui. — M. Ernest de Canouville. 14

Chap. III. Bal chez le prince de Neufchâtel. — Madame Foy. — Je perds ma mère dans la foule. — La reine Hortense et l'empereur me parlent. — Ma brusquerie. — Détails sur madame Foy. — Le colonel Lamothe-Houdard ; sa mort. — Mariage du général Foy. 34

Chap. IV. Soirée chez la reine Hortense. — M. de Flahault y chante. — Jolie réponse de lui. — Madame de Souza, sa mère. — Mademoiselle de Bourgoing. — Madame la comtesse de Brocq. — Mesdames les duchesses Augereau, Montebello et Bassano. — Anecdote arrivée à Fontainebleau. 46

Chap. V. Bal masqué aux Tuileries. — Beauté des quadrilles. — Mesdames de Menou, Graville, Villeneuve, Dulauloy. — MM. Perregaux, Desaix. — L'empereur masqué oblige madame *** à quitter la fête. — Il change plusieurs fois de domino. — Économie ridicule. — Retour à la Malmaison. — M. et madame Vaubarghon. — Jalousie toujours croissante entre nous. — MM. de Rohan, de la Vauguyon. 62

Chap. VI. Cambacérès vient à la Malmaison. — Opinion de Joséphine sur lui. — Lettres qu'elle lui a écrites. — Partie de pêche projetée. — Elle est dérangée par un courrier de l'empereur. — Regrets du vice-roi. — Trouss, Mamelouck. — Beau trait du prince Eugène. — L'impératrice voit avec peine la guerre d'Espagne. — Le prince des Asturies demande une épouse à l'empereur. — Manière de voir de l'impératrice sur le courage moral de Napoléon. 74

Chap. VII. Affection de l'impératrice pour ses petits-enfans. — Anecdote sur le jeune Napoléon de Hollande. — Quelques détails sur sa mort. — Désespoir de la reine Hortense à cette occasion. — Corvisart. M. Horeau. — M. et madame de Semonville. — Anecdotes sur eux. — Le duc de Richelieu. — M. de Montholon. — Mesdames Joubert. — M. de Sparre. 88

Chap. VIII. L'impératrice nous raconte à quel point l'empereur a pris promptement les habitudes du rang suprême. — L'abbé de S... L'abbé d'Espagnac. — Madame la duchesse douairière de Duras — Livre des étiquettes imprimé d'après les traditions recueillies. — La reine d'Espagne (Joseph Bonaparte); ses vertus. — Morfontaine. — Comme il était alors. — Ce qu'il est aujourd'hui. — Ermenonville. — Tristes réflexions sur ce séjour. — Le colonel Clari.   100

Chap. IX. Le vice-roi ne va pas en Italie. — Lettre de l'impératrice à son fils. — Opinion de Sa Majesté sur le sénat. — Soumission de ce corps au moindre désir de Napoléon. — Tour que lui joue l'empereur. — Colliers donnés par Sa Majesté. — Madame Daru. — Nous quittons la Malmaison. — Faux regrets. — Madame de Remusat. — Calomnie employée contre nous.   113

Chap. X. Nous allons à la Malmaison. — M. de Monaco remplacé par M. Portalès. — Celui-ci devient amoureux de Mademoiselle de Castellane. — Il l'épouse. — Ridicule histoire faite à ce sujet. — Gaucherie de M. de Barral, archevêque de Tours. — Présens que fait l'impératrice à mademoiselle de Castellane. — Elle marie mademoiselle de Mackau au général Wathier de St.-Alphonse. M. de Mackau contre-amiral. — Madame la marquise de Soucy, sous-gouvernante de madame la Dauphine.   128

Chap. XI. Steibelt. — Clementi, Dussek, Cramer. — MM. Czerny, Pixis, Rhein, Herz, etc. — Caprices de Steibelt. — Madame de B. — Cherubini. — M. de La Rochefoucauld.   141

Chap. XII. Bonté de la reine Hortense pour M. Drouet. — Trait peu honorable pour lui. — Soirée chez M. Brongniart, architecte. — J'y chante. — Mon amour-propre en souffrance. — Martin offre de me donner des leçons. — Quelques artistes célèbres tels que Nicolo, Ciceri, Isabey, Duport, MM. Carle et Horace Vernet.

—Anecdote sur Carle. — Aventure arrivée au grand Vernet. — Horace Vernet. — Son mariage. — M. le général Rabusson. — Réponse spirituelle faite par lui à l'empereur. 151

Chap. XIII. Nous partons pour aller en Picardie chez une amie de ma mère, madame Dubrosseron. — Nous y voyons M. de Saint-Aulaire. — Son premier mariage avec mademoiselle de Soyecourt. — Mademoiselle Duroure, sa seconde femme. — Madame et mademoiselle Duroure. — MM. Joseph d'Estourmel, Casimir Baëcker, de Castéja. — Madame de La Rue, fille de Beaumarchais. — Son beau talent sur le piano. — Quelques détails sur elle et son père. — Madame de Beaumarchais. — Nous jouons la comédie. — Course à Manicamp, château appartenant à M. de Brancas. — La tour de Coucy. — Le duc de Lauraguais. — Singulier trait d'amour. 169

Chap. XIV. Projet de mariage pour moi. — Le vice-amiral Sercey. — Son sang-froid dans le danger. — Son fils Éole découvre une île. — Prince de cette île. — Fierté de S. A. — Son adresse à l'arc. — Madame Catalani. — Singulière méprise qu'elle commet envers le célèbre Goëthe. — Madame Grassini. — Elle est attaquée par des brigands sur la route de Naples. — Girodet. — Son goût pour la musique — Sa manière de peindre. M. Paër. 194

Chap. XV. Poste de gardes nationaux. — Musique de l'état-major. — Le 30 mars 1814. — Inhumanité des habitans des faubourgs envers les malheureux soldats français. — Trait honorable d'un chirurgien. — Lettre que je reçois. — Entrée des alliés à Paris. — Cosaques à ma porte. — Cruauté d'un officier russe. 210

Chap. XVI. Nouveau trait de bonté de l'impératrice. — Départ de la Malmaison pour Navarre à la fin de mars

DES MATIÈRES.

1814. — Sa voiture casse. — Sa frayeur. — Billet de l'empereur. 224

Chap. XVII. Entrée de M. le comte d'Artois à Paris. — Enthousiasme qu'elle excite. — Celle de Louis XVIII et de Madame, duchesse d'Angoulême. — Réflexions à ce sujet. — La vieille garde. — Représentations auxquelles assiste la famille royale. — L'empereur Alexandre. — Le roi de Prusse. — L'empereur d'Autriche. — Anecdotes sur l'empereur de Russie. — Il va au Théâtre-Français avec le roi de Prusse. — Talma. — Injustice commise envers lui. 235

Chap. XVIII. Affection de l'impératrice pour son beau-frère M. de Beauharnais. — Lettre écrite par lui au président de la Convention. — M. Desèze. — Lettres autographes de LL. MM. Louis XVIII et Charles X. — M. de Lakerswerth. — M. de Coli, feld-maréchal au service d'Autriche. — Anecdote relative à une bourriche. — Madame de Lavalette. 253

Chap. XIX. M. de Langeac. — M. le comte de Mesnard, aide-de-camp de monseigneur le duc de Berry. — Monseigneur le duc de Berry. — Le général Beauvais. — Madame Beauvais. — Visite de H. à la Malmaison. — L'impératrice veut vendre ses diamans. — L'empereur Alexandre va la voir. — MM. Lecouteulx, de la Woëstine et Jacqueminot. — Le général Sébastiani. — Monseigneur le duc d'Orléans. 271

Chap. XX. Commencement de la maladie de Joséphine. — Lord Beverley et ses fils. — Réflexions de l'impératrice. — Elle devient plus souffrante. — L'empereur Alexandre et le roi de Prusse dînent à la Malmaison. — L'état de Joséphine empire. — MM. Horeau et Bourdois. — L'impératrice est administrée. — Sa mort. 284

Chap. XXI. Manière dont j'apprends cette nouvelle. — Quelques détails sur son enterrement. — Son tombeau. — M. Cartelier. 294

Chap. XXII. Proposition de réception d'un chevalier de l'Éteignoir. — Le général Beauvais parle du débarquement de Napoléon à Cannes. — Madame de Lavalette. — Mademoiselle Duchesnois. — Son bon cœur. — Le colonel Duchamp. — Son mariage. — Fête donnée au Louvre par M. de Vaudreuil, gouverneur. — Monseigneur le duc de Berry. — M. de Vaudreuil. — Singulière méprise relative à madame Riceteau, sœur du duc Decazes. — Monseigneur le duc de Berry. — Audience qu'il m'accorde 303

Chap. XXIII. Madame la duchesse de Berry arrive à Paris. Joli mot d'elle. — Sa bonté. — Inscription touchante. — Madame la duchesse de Berry prend des maîtres. — Vente des ouvrages des princesses. — Madame la duchesse de Reggio. — MM. de Levis et de Mesnard. — Exhumation de Monseigneur le duc d'Enghien. — Madame la comtesse de Bradi. — Germanicus, tragédie de M. Arnault. — Sang-froid de Louvel pendant la lecture de sa sentence. — M. le marquis y assiste dans la Conciergerie. 317

Chap. XXIV. Lettres de Joséphine. 330
— Au citoyen Barras, membre du directoire exécutif. 332
— A M. Sansal. 335
— A Madame Fanny de Beauharnais. 338
— Du général Bonaparte à son épouse. 341
— Du colonel Eugène Beauharnais à sa mère. 343
— A mademoiselle Hortense. 345
— Au général Bonaparte. 348
— A l'impératrice Joséphine. 351
— A mademoiselle Lenormand. 355
— Billet trouvé sous la serviette de l'impératrice. 356
— Réponse de mademoiselle Lenormand 357

— A Sa Majesté l'impératrice et reine. 361
— A Monsieur F. de Ch. 365
— A mademoiselle Aubert, maison de l'impératrice. 368
— A Monsieur Achille de Villedeuil, rue de Grenelle, n. 108. 370
— A Monsieur le duc d'Otrance, ministre de la police. 372
— A l'impératrice Marie-Louise. 374
— A l'empereur Alexandre. 377

Chap. XXV. Pension accordée à ma fille par une princesse. — Elle est supprimée. — M. Ladvocat. — Madame de Genlis, MM. de Châteaubriand, de Barante, Villemain, Casimir Delavigne. — Dernière visite à la Malmaison. 379

FIN DE LA TABLE.

www.ingramcontent.com/pod-product-compliance
Lightning Source LLC
Chambersburg PA
CBHW052039230426
43671CB00011B/1714